群众文化建设
理论与实践研究

杨海燕◎著

时代文艺出版社
SHIDAI WENYI CHUBANSHE

图书在版编目（CIP）数据

群众文化建设理论与实践研究 / 杨海燕著. -- 长春:
时代文艺出版社, 2024.3
ISBN 978-7-5387-7483-2

Ⅰ. ①群… Ⅱ. ①杨… Ⅲ. ①群众文化－文化工作－
研究－中国 Ⅳ. ①G249.2

中国国家版本馆CIP数据核字(2024)第050023号

群众文化建设理论与实践研究

QUNZHONG WENHUA JIANSHE LILUN YU SHIJIAN YANJIU

杨海燕 著

出 品 人：吴 刚
责任编辑：陆 风
装帧设计：钱金华
排版制作：钱金华

出版发行：时代文艺出版社
地 址：长春市福祉大路5788号 龙腾国际大厦A座15层（130118）
电 话：0431-81629751（总编办） 0431-81629755（发行部）
网 址：weibo.com/tlapress（官方微博）
开 本：787mm × 1092mm 1/16
字 数：220千字
印 张：12
印 刷：廊坊市海涛印刷有限公司
版 次：2024年3月第1版
印 次：2024年3月第1次印刷
定 价：78.00元

前　言

文化，无论是对于社会、民族还是国家来说，都具有无比重要的作用。文化是整个社会的灵魂，在一定程度上决定了民族的发展方向，甚至成为保障国家繁荣昌盛的基石。如果想要推动中华文化不断发展，使其成为世界先进文化，我们就必须重视群众文化，它可以有效推动先进生产力的发展。

文化生活是高级的生活内容。过去不少人，往往只重视文人文化，认为不识字的下层劳动人民没有文化。这种人就不懂文化是什么了。其实，“在不识字的大众里，是一向就有作家的。”他们创作的民歌和故事，就是诗歌和小说的老祖宗。正如列宁所说：“艺术属于人民，它必须在广大群众中有其最深厚的基础。它必须为群众所了解和爱好，它必须从群众的感情、思想和愿望方面把他们结合起来并使他们得到提高，它必须唤醒群众中的艺术家并使之发展。”这里说的正是群众文化工作，这是社会主义特色和优越性之所在。

不重视或无视群众文化，无疑是很不科学的，完全错误的。

在旧社会，人民大众生活无着，连饭也吃不饱，“黄连树下弹琴”充满痛苦。他们的文化生活，无人过问，是非常可怜的。只有在新中国成立以后，在社会主义社会中，建立了群众文化工作的组织——文化馆和群众艺术馆等，在人民政府的领导和支持下，群众文化才得到了重视，得到了巨大的发展。

群众文化是我们社会主义中国所特有的先进文化，群众文化的概念应该出口，这是非常深刻的认识和非常及时的建议。

群众文化做的是文艺向广大群众普及的工作，是激发广大人民群众文化创新创造活力的工作。文艺就是美——生活美和艺术美。群众文化工作就是要使人民生活艺术化，使人民的生活中充满美，也就是使得人民更加幸福、更加愉快。这种先进文化当然是世界各国人民所迫切需要和向往的。

在现代文化的发展进程中，群众文化在不断的发展和壮大，如今已经成为整个文化体系当中的重要形态，而这样的文化景观体现出国家在群众文化建设方面的成果以及巨大突破。通过对群众文化进行发展，可以有效缓解现代人压力过大的生活状态，让越来越多的群众找到精神寄托，同时，还能够让整个社会更加安定和谐，为国家软实力的增强做出巨大贡献。编者将重点就群众文化的社会价值进行分析，为群众文化的建设和发展提供一定参考。

我们要建设人类最向往的理想社会——社会主义、共产主义社会，首先要培养全面发展的新人——理想社会的建设者。群众文化工作在这里大有用武之地。沿着正确的方向和道路，运用正确的方法大大发展群众文化工作，建设健康的群众文化，是一个光荣的历史任务。我相信，此书的出版，将会对人类社会的健康发展起到良好的作用。是为前言，不妥之处，恳请读者诸君多多赐教。

目 录

第一章 群众文化概述

第一节 群众文化的概念

一、群众文化的起源与发展

文化起源于劳动，人类文化的早期，生产力水平低下制约着人类对自然的认识，面对纷繁复杂的社会现象，人类处于不“自由”的阶段。在人类的劳动实践中，虽然还不存在有意识的审美活动，但已经产生了原始的审美现象。人类的审美活动和现象遍及劳动实践的各个领域，各种审美活动和现象都有它的共同性，也都有它的特殊性和个性。原始社会群众文化的各种表现不仅紧紧联系在一起，甚至是混合在一起的，众多艺术门类还没有独立发展的可能。

从出土的文物中我们可以清楚地看到，早在四五万年前，人类就用青鱼和鱼骨作为装饰品。可见，那时候人们除了从事最基本的满足物质生活的活动外，还从事为满足精神文化生活需要的朴素艺术实践，这是人类美的观念的产生，是原始美的启蒙。人的审美观念来自人类的社会实践，来自对客观事物美的感受和认识，并自发进行创造，这就是人的本质力量。人们对于无数纷繁复杂的审美对象，可以通过感官去感受它们的存在。客观存在的审美对象反映到人的头脑中，通过大脑的加工，须借助于概念和范畴，转化为审美意识和观念。那时候脑力劳动和体力劳动还没有完全分离，人们在审美活动和由此产生的审美意识支配下进行美的创造，正是古代文化的集中表现。因此，早在远古时期，就已经产生了群众文化的雏形。

马克思主义认为，劳动创造了人，使人有了语言，有了意识，有了创造工具的能力，并且在社会的共同劳动和交往中产生了最初的艺术。在漫长的原始社会里，人类在极其险恶的环境中，在和大自然进行斗争的过程中,依靠简单的劳动工具,获取生活资料,同时也创造了最简单的原始的群众文化。在生产力极其低下的年代,人们以氏族为单位捕杀猎物,获取生活资料。当人们成功获取猎物或战胜自然灾害时,便会情不自禁地欢呼雀跃;相反,当遇到天灾人祸而难以温饱时,也会集体呼号祈求上苍。这种处于懵懂状态的集体创作,以身体有规律、有节奏的造型动作表现为特点,便是舞蹈的雏形。正如《毛诗序》所说:“情动于中而形于言,言之不足故嗟叹之,嗟叹之不足故咏歌之,咏歌之不足,不知手之舞之,足之蹈之。”

那时候人们总是集体作业,群众艺术活动就在这种集体劳动之余产生,最初只是人类一种无意识的表达感情的行为,原始人在这种艺术活动中庆祝胜利或祈求平安。在生产力水平低下的原始社会中,艺术活动无法从劳动中独立出来,带有明显的无意识性以及实用性,其形式是集体的。正是通过这种集体的艺术活动,人类抒发了情感,提高了劳动效率。鲁迅先生曾说“杭育杭育”的声音帮助协调劳动动作,减轻了劳动强度。艺术在人们的日常生产和生活中发挥着越来越重要的作用。

伴随着生产力水平的不断发展和人类智慧的不断提高,原始社会中自发自觉的表达发展为有意识的创造。例如,在古代典籍中就记载了反映狩猎的音乐舞蹈。舞蹈是人类艺术的始祖,同样是群众文化的始祖,直至今日都是群众文化活动的重要表现形式。原始民族的许多舞蹈,只是一种生产行为的意识的模仿或是劳动的调节。有歌有舞,反映生产劳动,歌颂祖先,歌咏五谷的茂盛和原始的信仰。舞蹈在原始群众文化中占有重要地位,舞蹈的动作从狩猎中对禽类的飞跃、对野兽奔跑的模拟等表现出来。这时的舞蹈参与者都是氏族。青海大通出土的舞蹈纹彩陶盆,盆内壁画有十五人,分为三组,每组五人,发辫下垂,并肩携手翩翩起舞,真实地描绘了当时的欢乐场面。

人类社会步入阶级社会以后,以氏族为单位的生活方式逐渐被自给自足的小农经济取代,出现了物质生产与精神生产的分工,于是产生了一批专门从事艺术生产的人,某些艺术门类成了某种技艺。儒家要求学生掌握的六种技能就是:“礼、乐、射、御、书、数。”其中乐就是指艺术。出现了一批以“卖艺”为生的艺人,如民间说书人、街头的杂耍艺人、宫廷画师、宫廷乐师等。在阶级社会中,统治阶级的文化占主导地位,君王花钱专门请人进行艺术创作,专业艺术极其繁荣。处于被剥削阶级的人民大众,虽然面对着苛捐杂税，面对着繁重的生产生活，但也创造出了丰富的群众文化成果。最为典型的就是《诗经·风》，其内容便是古代帝王派乐官从民间诗歌中收集整理而来的。这些诗歌语言通俗易懂，内容都来自百姓平时的生活，是百姓用他们的智慧创作而成的，最终成了中国传统文化的瑰宝。在民间，产生了各种地方特色浓厚的曲艺形式以及节庆的庆祝形式——庙会。例如，河南宝丰的马街书会起于元代，盛于明、清，是中国历史最悠久的民俗庙会之一。

每年正月十三都会有来自全国各地的说唱艺人和河南各地的群众潮水般涌向河南省宝丰县的马街，参加一年一度的“十三马街书会”，即马街书会的前身。来自全国各地的说书人云集于此，有的甚至不惜长途跋涉。在这里，说书人都是随便找一块儿空地，摆下简易桌椅，虽然没有舒适的座椅，豪华的剧院，但一点儿也不影响说书人表演的激情。即使条件如此简陋，也还是可以听到悠悠的琴声和韵味十足的歌声。马街书会的盛况完全可以用“一日可看千台戏，三天可读万卷书”来形容。在马街书会上，四面八方赶来的乡亲们变成了艺人，演绎各种曲艺形式，如河南坠子、凤阳花鼓、陕西快板等。类似马街书会这样的庙会是广大人民群众在物质生活并不是十分丰富的年代，欣赏艺术表演的少有机会。类似马街书会这样的民俗文化应该成为我国现代群众文化建设的宝贵资源，其群众性以及文化价值都十分重要。虽然这些艺人都是普通群众，大多没有受过专业训练，表演的艺术性以及专业性与专业团体相比都相差甚远，但正由于他们来自民间，这样的表演形式直至今日都具有别样的魅力和吸引力，在两千多年的封建社会中，中国的群众文化以独有的方式存在并发展。

始发于1915年的五四新文化运动是新群众文化运动的伟大开端。在“五四运动”中，一些知识分子，特别是一些具有共产主义思想的知识分子，主张将新文化运动带到人民大众中去，成为普及的新群众文化运动。从“五四运动”开始的新群众文化运动，它的核心就是使劳动人民成为文化的主人，并举起文化的武器为不同历史时期的革命斗争服务。由于中国现代社会的政治和经济成分不是单一的，社会文化和社会文化事业也就不是单一的，存在错综复杂的情况，大致分为社会教育、民众文化和革命的群众文化等文化形态，然而它的主流和具有导向意义的是革命的群众文化。群众文化运动在继承与改造我国传统的民间文化、借鉴和学习外国优秀的群众文化工作经验中前进。在中国近、现代,对群众文化这类文化现象则有通俗教育、平民教育、民众教育、通俗文艺、大众文艺、民间文化、革命文艺、社会文化等指称,称谓由局部逐渐涵盖群众文化的整体,并力求靠拢其本质与形态的特征。群众文化这一专用词在中国最早出现于中华人民共和国成立以前的苏区。中国共产党成立后,群众文化工作成为革命事业的一个组成部分。革命的群众文化是与国民党官办的民众教育以及资产阶级教育家办的平民教育、平民文化等性质截然不同的一种文化。虽然,从五四以来群众文化这一概念,在苏区、革命根据地就已经提出来并运用过,但因革命政权机构一切从简,只设立教育部门统管文化工作,故对群众文化工作仍大多统称为社会教育;在国统区更是一体称为通俗教育、平民教育、民众教育或社会教育。自1915年中华民国北洋政府时期江苏省立通俗教育馆在南京正式建立后,国统区有国民党政府官办的民众教育馆。从现代群众文化意义上讲,国民党官办的民众教育以及资产阶级教育家办的平民教育、平民文化等属于社会教育、民众文化范畴。中国共产党从成立之日起就把对群众的宣传、组织、动员和教育工作作为一项十分重要的工作内容,早在1922年,党在安源煤矿和京汉铁路建立了工人俱乐部和业余剧团等群众文化组织。同时,党还通过办农民俱乐部、农民夜校,在革命军队中组织宣传队、办俱乐部等开展群众文化活动。1927年开始,在中国共产党领导的革命根据地和解放区普遍建立了俱乐部、列宁室、红角、业余剧团等组织。中央苏区革命文化,作为一种新的革命的意识形态,不仅生动地反映了我党领导下的中央苏区的政治、经济的特点和人民群众崭新的精神面貌,而且在继承五四运动革命传统的基础上,开辟了我国新文化发展的正确方向和道路。陕甘宁边区普遍建立了专门机构——新型的民众教育馆(1935年至1949年间,全区共31个县,建立了28所民众教育馆)。这种民教馆虽然与国统区民教馆同一名称,但内容迥异,都是围绕上述社会教育三项内容(指1938年6月,边区教育厅编印的一本社会教育概论阐述的社会教育的三项内容:文字教育、政治教育、娱乐工作。)开展活动,成了中华人民共和国成立以后新型文化馆的滥觞。

中华人民共和国成立后,文化馆、文化站、群众艺术馆、工人文化宫、俱乐部、少年宫、部队俱乐部和农村俱乐部等群众文化事业迅速发展,城乡群众文化网初步形成。群众文化事业成为社会主义文化事业的一个组成部分。群众文化这个专用名词及其基本概念在中国共产党领导下的革命根据地以及中华人民共和国成立以后一直沿用至今，但内涵经过了“群众文化政治工作”“群众文化运动”“群众文化工作”“群众业余文化”到“群众文化”的变化，直到党的十一届三中全会以后，把它作为与专业文化相区别、相对应的一种文化的命名，逐渐形成了广泛认可的定义：人们职业外，自我参与、自我娱乐、自我开发的社会性文化。

纵观群众文化概念的形成，群众文化概念从雏形、形成到发展、成熟大致经历了四个阶段。第一阶段，20世纪30年代在苏区提出群众文化概念的雏形，是群众文化概念的初创期，处于起源阶段，配合新民主主义革命，开展了基本的群众文化工作。第二阶段，中华人民共和国成立后至“文革”前，是群众文化概念的形成期，处于探索阶段，从中央到各省市群众艺术馆、文化馆普遍建立，一个较完整的群众文化机构体系基本形成，1959年编写了《群众文化工作概论》。第三阶段，20世纪80年代至90年代，是群众文化概念的发展期，处于振兴阶段，体系健全，理论发展，以《中国群众文化史》《群众文化学》《群众文化辅导学》《群众文化管理学》为标志的学科体系基本形成，从中央到地方成立了群众文化学科的学术团体——群众文化学会，群众文化理论研究的全国性的刊物《群众文化》《群众文化论丛》及省级刊物相继创刊，颁布了《群艺馆、文化馆管理办法》。第四阶段，21世纪以来，随着现代公共文化服务体系建设和公益性公共文化场馆免费开放，群众文化进入繁荣期，处于成熟阶段，开始了群众文化的现代化和国际化传播，文化部组织编写的全国基层文化队伍培训教材文化馆(站)系列正式出版，一系列文化政策和法律法规相继出台。群众文化事业成为现代公共文化服务体系建设的重要内容。

二、科学地界定“群众文化”

文化，广义上是指人类社会进程中所创造的物质财富和精神财富的总和。狭义上是指社会的意识形态以及与之相适应的制度和组织机构。

文化是一个民族独有的东西，是这个民族得以继续存在的基础，当一个民族的文化消亡或者被其他的文化形式所代替，失去了民族存在基础的时候，那么即便它的人民仍旧存在，这个民族的存在和消亡实际上是没有什么区别的。

新中国成立之后，首次提出和使用群众文化这一概念是在1953年。1953年，文化部发表了《关于整顿和加强文化馆、站工作的指示》。明确地使用了一些如“群众文化活动”等具有专指内容的名词。从那时起，“群众文化”作为一个专有名词而被广泛应用，这里所说的“群众文化”主要是与“专业文化”相对的。随着我国社会主义革命和社会主义建设事业的发展，党和政府越来越重视文化工作，从中央到地方都成立了专门管理文化事业的部门，文化部设立了群众文化事业管理局，各地市、自治区文化局也设立了群众文化处或社会文化处。党的十一届三中全会以后，随着人民生活水平的迅速提高、人民群众的求真求善求美的愿望日益强烈，出现了文化热。中共中央于1981年发出了《关心人民群众文化生活的指示》，对人民群众的业余文化生活进行指导。随着社会的发展，“群众文化”这一概念的范畴越来越广，它自身具有了历史传承性和鲜明的时代性的特征。目前，有关群众文化的定义理论界论述众多，在新的社会背景和历史条件下科学地定义群众文化是十分重要和必要的。

群众文化是广大人民群众在闲暇时间自发、自觉参与的，以满足自身生活需要以及审美需要的，以文艺活动为主要载体的社会历史现象。群众文化在我国社会主义社会中长期存在并不断发展。

群众文化的主体是群众，客体是活动；其内容十分广泛，主要内容是以文化娱乐活动为目的，包含了群众文化活动、群众文化工作、群众文化事业、群众文化队伍等方面。从文化现象层面讲，群众文化是人民群众以自身为活动主体，以文化艺术为主要内容，以满足自身精神文化生活需求为目的，按照美的规律，自我参与、自我娱乐、自我开发的社会性文化。从文化建设层面讲，群众文化是中国一种独特的社会文化现象，是中国特色社会主义文化的重要组成部分，是一个包括群众的文化生活形态、群众文化活动、群众文化工作以及与之相适应的制度、组织、机构、设施等各种要素的集合体。

群众文化发展的三种形态。群众文化形态的发育、发展呈现出明显的历史阶段性，大致划分为三种历史形态：原始社会的群众文化是群众文化的胚胎形态，阶级社会的群众文化是群众文化的自在形态，社会主义的群众文化是群众文化走向成熟的自觉形态。

社会存在是群众文化生存的基础因素。社会变革是群众文化生存与发展的外部因素。人的社会需求是群众文化生存与发展的内部因素。

群众文化有独特的优势，首先，它不具有功利性，不以商业为目的；其次，它的参与者是普通群众，主体十分广泛。这就决定了应该把发展群众文化作为提高全社会审美能力的有力手段。而作为社会主义精神文明建设重要组成部分的群众文化工作也应该被重视。群众文化范围广、对象多的特点决定了群众文化是现代进行社会美育的最佳手段。充分发挥群众文化的功能尤其是审美教育功能意义重大，它能够丰富人民群众的文化生活，能够培育社会文明风尚，更能够促进文化大发展大繁荣。

对于群众文化的定义应澄清三点。第一，非职业就是不以此为谋生、挣工资的职业。非专业有两个层面的意思，一是不专门从事此业，有人虽说不以此为职业，但不愁经济来源，专门从事此业。二是在技术水平和层次上尚处于自我娱乐、自我开发的阶段，只是职业外的业余创作或表演。达到了专业水平，作品已经正式发表、出版或商业演出，就不再是“自我娱乐、自我开发”的范畴，如古代的书画家、文学家，现在的很多非职业的著名作家、艺术家，以及演艺明星、主持人参与的职业外的文艺创作、导演、客串等。第二，专业人员从事管理工作后，基本是艺术管理，所进行的文学艺术活动虽是职业外了，但其艺术创作、表演仍属本人相关专业范畴，而非划入群众文化。如徐沛东、刘兰芳、姜昆等既是艺术家，本职又是管理者。自我开发在一定意义上是指非专业纯熟状态的创新创造活动，排除了职业外、业余的艺术大家，如古代的一些文学家、书画家，他们是业余的，但水平很高，艺术成就很高。第三，群众文化是一种社会性的文化，是群体性的，非个体性的，但群体性中包含着个体性，个体性是群体性的基础。非群众性的个人业余的文化学习、创作属于终身教育、休闲文化范畴，严格意义上不属于群众文化范畴。但群众文化应该奠基于每一个个人的文化权利和个性确立的基础上，并促进每一个个人的自由而全面的发展。

专业文化体现出人类社会文化艺术在一定社会发展阶段上的最高水准，主观上娱人，客观上促进艺术的独立和发展，却永远取代不了群众文化。群众文化是全社会全体公民的文化，自由参与、自由创造，主观上娱己，客观上促进人的全面发展，体现了群众的文化创新创造活力和审美追求，即使到了共产主义社会，由于科学文化高度发达，人们既可以从事物质资料的生产，又可以从事精神产品的生产，专业文化也许要逐步消亡。而人民群众的文化活动却始终存在。正如马克思、恩格斯所预料的那样：在共产主义的社会组织中，完全由分工造成的艺术家屈从于地方局限性和民族局限性的现象无论如何会消失掉，个人局限于某一艺术领域，仅仅当一个画家、雕刻家等等，因而只用他的活动的一种称呼就足以表明他的职业发展的局限性和他对分工的依赖这一现象，也会消失掉。在共产主义社会里，没有单纯的画家，只有把绘画作为自己多种活动中的一项活动的人们。虽然由于理论滞后，自身学科发展缓慢，还未列入国家学位授予和人才培养学科目录，未能引起社会各界的重视和承认。但从群众文化在文化建设上所具有的国家高度来看，完全可以成为文化学学科门类下属的一级学科，是具有广阔发展前景的综合性交叉学科和应用性知识体系。

三、新中国成立后的群众文化的时代内涵

从群众文化的历史脉络分析，中华人民共和国成立后的群众文化起源于革命战争时期，在社会主义建设中逐步成熟，是国家文化事业的重要组成部分，是社会主义先进文化代表，是人民群众基本的文化权益的保障，是社会主义优越性的重要体现，属于现代公共文化服务体系建设的重要内容。它积淀着中华民族最深沉的精神追求，代表着中华民族独特的精神标识，是中华优秀传统文化、革命文化和社会主义先进文化相结合的产物。[①]

（一）新中国成立后的群众文化继承了中华文明的优秀基因

广义上讲，群众文化是人类社会一切文化的母体和终点，几乎贯穿着整个人类的文明史。几乎任何一个艺术门类的历史发展都可以证实，艺术的种子总是在广大群众的劳动实践中发芽成长，最后叶落归根，回到广大群众文化生活当中去被接受、被检验。李泽厚的审美积淀说认为，在原始社会时期，艺术尚未在巫术中分化，艺术之美最初只是社会内容的积淀，这种积淀经由长时间的由内容到形式变化，才表现为当下丰富多彩的艺术形式。群众文化的外在呈现，均可回溯到原始时期先民的劳动实践，属于中华民族独一无二的集体无意识。从这个角度上讲，我国群众文化历史悠久，具有民族性，是中华民族在生产生活实践中的文化创造，是民族智慧的结晶。也具有时代性，离不开每个时代的经济社会整体发展情况，在每

①周建新．群众文化的概念辨析、文化特征与时代内涵[J]．粤海风，2022(01)：59-65.

个时期都有其辉煌成就，形成了相应时期的独特的群众文化形态，并对艺术发生发展起到了重要的作用。

（二）新中国成立后的群众文化充满了革命文化的精神气质

1840年鸦片战争后，中国开始沦为半殖民地半封建社会，救亡图存成为中华民族的主要任务，这一主题始终贯穿于中国政治、经济、社会、文化和科技等各个方面。伴随着中国共产党诞生而出现的群众文化，从一开始就服从于中华民族的主要任务，投身于民主革命事业之中，致力于民族解放与独立。1933年6月1日，群众文化一词正式在苏区中央的文件中出现。1933年8月12日，毛泽东首次在苏区南部十七县经济建设大会的报告中使用群众文化这个词，1942年5月，毛泽东《在延安文艺座谈会上的讲话》中从多方面对群众文化的开展发表了见解，明确了群众文化的革命属性和政治宣传属性，强调群众文化服务革命的功能和重要性。我国革命文化的历史来源是近代以来中国人民反抗帝国主义、封建主义和官僚资本主义的长期革命历程。其中以五四运动和中国共产党诞生以来的新民主主义革命为标志，革命文化进入到马克思主义为指导的新阶段。从新民主主义革命时期的群众文化发展可以看到，革命文化作为一笔宝贵的政治资源和精神财富浇铸在群众文化的精神内核中。新中国成立后的群众文化与新阶段的革命文化一样，在马克思主义的指导下，在中国共产党的带领下，参与到伟大的革命事业，并打上了深深的革命文化烙印。值得注意的是，在开展方式上，新民主主义革命这一时期的群众文化开展已经由群众文化活动变成了群众文化运动，群众文化艺术样式，不管是歌剧、音乐、文学、电影、广播还是其他，都被冠以一种群体运动式的形式。老解放区的革命文艺演唱活动，迅速向全国传播、普及，是中华人民共和国成立初期群众文化活动的一个突出特点，所突出的也是浓浓的革命文化精神气质。

（三）新中国成立后的群众文化充分彰显了社会主义文艺本质

群众文化活动开展的内容是鲜活的、丰富的，不是喊口号和空洞的言说。没有丰富的内容和形式，是没有生命力和创造力的，而这个生命力的由来还是群众自身。人民是文艺创作的源头活水。很多专业领域的艺术家不是来自专业培养而是在社会实践中诞生，甚至在出道之前就是平民草根。这些民间高手是群众文化的继承人也是群众文化的创新主力，他们的匠心精神愈久弥香，活跃群众文化的同时，也为我国社会主义文艺的整体繁荣做出贡献。一切优秀文艺工作者的艺术生命都源于人民。人民群众的生产生活不仅蕴含着智慧，而且是人类智慧的源头和结晶。文化艺术从广大群众的劳动实践中诞生，有的发展成为主流文化艺术样式，有的发展成为专业文化艺术。中国特色社会主义进入新时代，国家富强、人民富足，人民生活水平不断提高，人民对包括文艺作品在内的文化产品的质量、品位、风格等的要求也更高了，群众文化要更快速发展、繁荣发展才能“跟上时代发展、把握人民需求”。由此可见，人民群众需要群众文化，群众文化需要人民群众。

进入新时代，面对百年未有之大变局，群众文化的纯洁性受到各种挑战，西方文化意识形态的渗透、大众文化享乐文化盛行，群众文化在此时的中流砥柱作用得以彰显，作为直接面向社会每一个个体的文化类型，群众文化需要重申文化内涵的重要性。正如习近平总书记在中国文联十一大，中国作协十大开幕式上的讲话中所说的“各种艺术门类互融互通，各种表现形式交叉融合，互联网、大数据、人工智能等催生了文艺形式创新，拓宽了文艺空间。我们必须明白一个道理，一切创作技巧和手段都是为内容服务的”，“文化可以由多种不同的媒介来承载，但是文化内涵是有绝对原则性的。源于人民、为了人民、属于人民，是社会主义文艺的根本立场，也是社会主义文艺繁荣发展的动力所在”。因此，新时代的群众文化也彰显了社会主义文艺的本质，国际国内环境在改变，讲述故事的方式在改变，不变的是群众文化中蕴含的深刻的人民性。

新中国成立后的群众文化自诞生以来，在新民主主义革命、社会主义革命与建设、改革开放、新时代等过程中均发挥了重要作用。然而，与文学、音乐、美术、舞蹈等专业艺术相比，与其丰富的实践活动开展相比，群众文化的理论研究却起步较晚，成果显得捉襟见肘且未能与时俱进。尽管时间不长，但是以人民为中心文化发展理念深入人心，它深刻揭示了社会主义文艺本质，也为新时代群众文化发展举旗定向，提供了根本遵循。最令人欣喜的是，以“人民为中心”的初心和使命的再回归、再认识和再强调，必然为今后的群众文化全面发展和繁荣兴盛提供坚强保障。

四、群众文化的特征

(一)群众文化的基本特征

1.非职业性

群众文化是人民群众工作之余的文化休闲活动,体现出非职业性的特点,这种非职业性的特点表现为文化活动的主体是非正式、非强制、非商业性的,人们以自愿的方式聚集在一起参与某些大家认同的文化休闲活动以达到娱乐身心的目的。需要注意的一点是,虽然群众文化是非职业性的,但不代表群众文化是非专业性的,因为某些具有艺术特长的群众通过成立协会的方式开展的群众文化活动是具有专业性的,甚至通过群众自发组织的文化活动可以有效传承中华民族的优秀传统文化和技艺,比如傩舞、越剧、弋阳腔等都是人民群众自发传承的优秀文化和技艺。

2.群众性

无须赘言,群众文化必然具有群众性的特征,即某种文化必须被广大群众都接受和认可才能称之为群众文化。群众性是相对于个体而言的,即那些受众少,只在极少部分人之间交流的文化不属于群众文化。当然,群众是一个相当宽泛的概念,我们还可以将群众进行分割,再细分出更小群体的群众文化,即城市群众文化、乡村群众文化、老年人的群众文化、青年群体的群众文化、青少年群体的群众文化等等,不同群体内部的群众文化会有其各自的特征。群众性也体现为群众文化的产生路径是来自群体之间的互动和认同,是群众自我生成和创造的一种文化。①

3.社会性

由于群众文化是群体性文化,是人与人在互动过程中产生的文化,因此群众文化必然具有社会属性。群众文化的社会性决定了群众文化对社会经济的发展具有不可避免的影响力和价值,好的群众文化可以促进经济社会的发展,不好的群众文化则会阻碍经济社会的发展。群众文化的社会性要求政府努力满足群众的基本文化需求,鼓励社会及群众积极开展有益身心健康的群众文化活动,并且对群众文化活动进行良性的引导和管理。

4.自娱性

不同于学校教育的专业学科文化或者工作时需要的专业文化,群众文

---

①袁伟.群众文化群众性的时代特征[J].神州民俗(学术版),2012(02):87-89.

化是以满足人民群众自我娱乐为目的的文化,没有实用性和功利性的价值追求,更少受到道德约束,因此具有很大的生机和活力,并且体现出很强的创新性的特点。

5.聚集性

城市的聚集首先表现为各种文化群体的聚集。城市本身的凝聚力决定了城市社区的大众文化也具有凝聚力的特征。由于不同文化之间的相互作用和吸引,社区居民的心灵、思想和感情得到了凝聚。各种类型的文化在长期的互动过程中逐渐变得密不可分。对社区的强烈归属感和认同感给了大众发展的凝聚力。

6.公益性

社区群众文化建设追求社会风气的改善和全民族文明的进步。城市社区的所有居民都享有免费使用的权利,而不是盈利性质的。因此,群众通过文化创作活动增强现代文明意识,形成新的人际关系,从而促进社会的全面进步。

7.区域性

社区大众文化是指一定地区的人们经过长期的实践,逐渐形成的具有地域特色的文化。区域性不仅是不同区域之间的差异,还是同一城市不同社区之间的差异。由于居民人文素质的差异,同一地区的社区文化也会有所不同。

8.融合性和共享性

各行各业的人们聚集在社区里,在那里他们一起交流、创造区文化。作为居民的聚集地,社区也体现了不同文化的融合。这种融合体现在城市社区居民的文化作品和社区居民的心理上,是由多种元素组成的丰富多彩的大众文化。

所有社区居民都可以共享文化成果。社区大众文化是由社区居民创造的,社区居民既是社区大众文化的主要参与者和创造者,又是社区大众文化有益成果的直接受益者和共同维护者。社区居民可以充分感受到社区文化活动在大众文化中的成果并收获乐趣,丰富文化生活。

9.传承性与时代性

相对于许多专业的知识,群众文化具有天然的传承性优点,群众文化可以通过天然的代际传递的方式得以延续。同时,由于群众文化是根植于群众生活之中的文化，具有很强的草根性和生命力，因此很容易得以延续和传承。但需要注意的是，许多群众文化也会随着时代的变迁而出现衰落和淘汰的现象，因为随着时代环境的改变，一些传统群众文化不再能够满足群众休闲娱乐的需求，所以逐渐淡出人们的生活和视野，比如皮影戏、串堂班、舞狮、越剧、弋阳腔、京剧等过去被人民群众喜爱的文化活动已经不为新生代的人民群众所关注和喜爱，逐渐退出了人们的日常生活。因此，群众文化也体现出了非常明显的时代性特点，即每一个时代都有其独特的群众文化，这种群众文化是与当时的经济社会生活习惯等相协调的。

10.倾向性和可诱导性

群众文化的主体是由有主观能动性的个体组成的，因此他们对文化艺术等文化活动的喜好是具有倾向性的，而这种倾向性也是对人们价值观念的一个侧面反映。群众文化的这种倾向性会形成群体的文化环境，对群体成员带来影响，从而影响成员个人的三观和文化休闲喜好，也会间接影响经济社会的发展。同时，群众文化的这种倾向性是可以进行诱导的，通过积极的引导和激励，群体文化活动的倾向性可以发生转变，比如通过开展厨艺大赛、广场舞比赛、摄影大赛等活动，可以激励人民群众锻炼厨艺、参与跳舞和摄影，逐渐改变群众文化活动的倾向性。正因为群众文化具有倾向性和可诱导性，所以，政府部门需要在提供公共文化服务的同时对群众文化活动多加引导，增强群众文化对经济社会发展的影响力。

（二）新中国成立后的群众文化的特征

新中国成立后的群众文化的主要特征体现在创作生产、艺术呈现、组织机构、平台载体等构成要素和流程。

1.创作生产过程的自发性

从创作主体构成上看，广大人民群众既是群众文化的接受者、传播者，也是活动开展的组织者、创造者，他们是来自各个行业、各个领域的广大群众，不一定是专业的音乐人才、舞蹈人才、美术人才，更多可能是在某一文艺领域具有强烈的兴趣爱好和奉献精神的人民群众。在创作实践组织上，他们也不一定按照文艺生产的流程有明确的文化组织、文化创作、文化传播、文化接受等角色分类，职能边界较为模糊。因此，群众文化是广大人民群众自发自为的、无功利的精神表达，自娱自乐、陶醉其中、享受生活是其主要目的。

2. 创作成果呈现的生活性

从艺术表达上看，群众文化是群众智慧对专业文艺的二次创作和集体创作，不管是嫁接、拼贴还是整合、改造，群众文化创作是人民群众茶余饭后，从文学、戏剧、电影、电视、音乐、舞蹈、美术、摄影、书法、曲艺、杂技等专业文艺中吸收与其生产生活相关的一些文艺要素进行杂糅性的创作，以实现休闲娱乐，调节生活节奏。例如广场舞，它是人民群众在音乐、舞蹈等专业艺术形式基础上的一种集成式再创作。因此，群众文化创作活动一般会贴近社会现实，贴近群众生活，与群众的生产生活具有非常强的关联性，通俗易懂、易于传播。与此相关的民间特色、地域特色、乡土气息等特点也是群众文化贴近生活的表现。

3. 价值导向的意识形态性

从组织主体上看，宣传部门在群众文化活动指导和管理上发挥中枢作用，一方面借助群众文化来进行宣传教育、知识普及，另一方面需要群众文化来培育文艺人才，繁荣社会主义文艺，总之是利用各种方式和途径，以体现中国共产党以人民为中心的初心，彰显以人民为主体的先进文化的优越性。在管理运行上，政府部门将群众文化活动开展作为行政职能，建立纵横贯通、协调并行的管理体系。即由国家相关部门和社会组织协同推进，如文化与旅游系统、新闻出版系统、广电系统、电影系统、人民团体等。

4. 平台建设的公共服务性

从硬件设施建设上看，群众文化活动的载体是政府作为主体来主导建设的，其展演平台是公益性的，既包括现实的物理空间，如文化馆（站）、群众艺术馆、公共图书馆、博物馆纪念馆、美术馆、工人文化宫、青年宫、少年宫、老年活动中心（站）、文化广场、公园等；也包括虚实结合的文化空间，如广播、电视、互联网、电影院、户外大屏、手机、PAD等。在内容供给上，政府建立相关工作机制，或直接组织创作生产，或购买服务，例如组织“群星奖”获奖作品评选与巡演活动，推动中国民间文化艺术之乡建设，送戏下乡开展戏曲进乡村活动等，以多样的扶持方式进行。

第二节 群众文化的功能与形态

一、群众文化的功能

改革开放以来，中国经济社会持续快速发展，人民生活水平显著提高，社会结构发生了重大改变，但由于竞争激烈，尽管法定节假日越来越多，但有些人大部分闲暇时间不得不用于补充新知识和新技能，使真正能够用于文化娱乐活动的时间相对减少，导致其幸福感不足。在物质生活不断丰富的今天，人们亟待文化权益的获得，包括群众文化在内的丰富的文化艺术活动已经成为现代人渴望追求的目标。现代化的生活、紧张的节奏，使得现代人更需要交流和娱乐。群众文化作为一种集体性的娱乐活动，其艺术要求不必很高，男女老幼皆宜，且可多人同时参与，可凝聚一大批兴趣爱好相同的人。这不仅能够为大家提供互相交流的平台，而且由于是发自内心的主动参与，而非被动地接受，使得群众文化活动能够带给人们真正的欢乐。

群众文化活动来源于生活、源自于实践，在丰富群众精神生活的同时，也在不断丰富自身内涵，发挥着独特的功能和作用。①

（一）整合功能

群众文化是能够实现地区资源整合，增强地区凝聚力的最有效的活动之一。例如湖南的白羊田的天狮、聂市的十样锦打击乐、羊楼司的蚌壳竹马、忠防的板凳龙、江南的渔鼓、桃矿街道办事处的大鼓表演、桃林镇的宗教吹奏乐表演以及聂市的农民健身表演等，一乡一品的形成，主要是广大群众在活动中进行整合的结果。群众文化管理部门通过各种各样的文化、体育等活动来活跃文化的氛围，扩大和提高了活动的参与率，为群众之间搭起了友谊的桥梁。

（二）传承功能

有效的群众文化活动不仅可以提高群众的文化品位，还可以传承文化遗产，打造文化品牌。

①丁垒涛．浅谈群众文化的功能与意义[J]．西藏艺术研究，2015(01)：21-24.

（三）导向功能

群众文化活动不仅是一种单纯的活动，它还能起到宣传、传播、导向等作用，培养群众高尚的道德情操和良好的社会公德。

（四）沟通功能

群众文化活动不仅能满足人们的精神生活需求，还能活跃群众生活氛围。通过开展形式多样的群众活动，可以增进群众之间的感情，加深相互间的了解、沟通，为社会的安定团结打下了坚实的基础。

（五）宣传功能

与其他文化相比，群众性文化是一种大众参与的文化，参与的人多，范围广，形式也非常丰富，是传播主流文化良好载体。群众文化作为我国文化建设中的重要组成部分，其主要是以社会主义核心价值体系为主体，将艺术形式与社会主义价值观念充分结合起来，进而使得社会主义核心价值被更多人认识和理解，能够更好地发扬社会主义核心价值内涵。将相关价值观念融入音乐与舞蹈的过程中，能够更好地激发民众参与的热情，在丰富的活动中能够为宣传社会主义核心价值观念贡献力量。唯有通过多元化的方式，让人民群众自觉接受社会主义核心价值观念，才能推动社会主义核心价值在人民心中扎根，同时促使其成为传播主导文化的重要方式之一。

二、群众文化的形态

（一）主流文化

1. 主流文化的概念

主流文化是一个社会、一个时代受到倡导的起着主要影响的文化。每个时期都有当时的主流文化，中国封建社会的主流文化是儒家文化，自汉武帝“罢黜百家，独尊儒学”直到清末，历代帝王多崇尚儒学。西方中世纪以来一直以基督教文化为主流。中国现阶段正处在社会主义建设的初级阶段，国家提倡的是有中国特色的社会主义文化，这种文化无疑是现代中国的主流文化。

2. 主流文化的特点

主流文化由于具有历史性民族认同，经常凭借认同优势，采取固守阵地手法，思想观念僵化、内容虚化、表现形式居高临下，传播手段比较单一，发展方式上呈现出权利化、内卷化的走势。

大众文化强大、快捷、潜移默化的教育功能，正是在广大消费者感到热闹、好看的文化享受过程中实现的。大众文化的表现形式、传播方式和运营机制是没有意识形态性的，而它所承载的文化传播功能却担负着凝聚人心、感召民众和传承文明的重载。主流文化只有深深地扎根于大众文化鲜活的土壤之中，汲取民族的、大众的、科学的文化营养，才能成为文化融合、文明传承的中坚力量。

3.主流文化的形成与发展方向

主流意识形态是在文化竞争中形成的，是一种具有高度的融合力、较强的传播力和广泛的认同的文化形式。现代高新科技革命对人类现代文化的发展正在产生着以往无可比拟的巨大影响。

文化生产方式发生改变、主导传媒形式的革新和新兴文化形态的崛起引起了原有文化艺术生态格局的变化，封闭的、落后的、狭隘的文化和缺乏竞争力的文化，都将在文化市场中被文化消费者遗忘。一些曾经居于主导地位深受群众欢迎的、十分红火的文化艺术形式将逐步失去主导地位并被边缘化。一些传统的文化形式经过现代技术的改造获得了新的生命，而另一些传统的、民族的文化将主要依靠国家保护以维持人类文化资源的生态平衡。

（二）精英文化

精英文化是与大众文化、平民文化、草根文化、山寨文化相对立而产生的文化现象。即不适应嘈杂的物质社会，是人们内心渴求却常常被世俗生存需求驱逐时才能感悟到的，是在人们静心思索或遭遇物质失利而需要情感慰藉时才冉冉上升的。

1.精英文化与大众文化思考。

不少人认为“精英文化”就是“高雅”的，而“大众文化”则是“低俗”的。这是一种误解。文化历来就有“高雅文化”与“通俗文化”、“精英文化”和“大众文化”之分。

对文化的“雅”和“俗”有两种不同理解。一种理解，是取它们的价值评价含义，就是“根据文化品质的高低优劣”来规定什么属于“雅”文化，什么属于“俗”文化。说一种文化现象是“雅”还是“俗”，与它“是谁的文化”不同，而是适用于一切人的文化产品和文化行为的判断。它的前提是承认：

文化文化，就是要以“文”为上，以“雅”为上，不“文”不“雅”便是缺少文化，便是蒙昧、落后和野蛮。比如：我们把精美的艺术成果、深刻的学术著作、文化品位极高的行为和思想、崇高的社会人生理想等称为“高雅”和“优秀”，而把与之相反的判断为“庸俗”和“低俗”。

这里的“雅”和“俗”意味着评判一种文化现象品位的高低、情理的深浅、形式的文野、制作的精糙、走向的提高与普及等等，总之一句话：是“好”还是“差”，意味着褒贬评价。社会文化的建设以追求真、善、美为己任，因此必须旗帜鲜明地扶持高雅文化，反对庸俗文化。这种理解，应该说是“雅俗”概念的本义。但是，在日常的语言和应用环境中，人们却还是要给“雅俗”加进另一种含义。即是取它们的主体性含义，就是“根据什么人来占有和享用”来规定什么属于“雅文化”，什么属于“俗文化”。这样，“雅文化”是指以社会上层人群为主体、满足有较高地位人群需要的文化，就可以和“精英文化”“贵族文化”“君子风度”等联系在一起，而“俗文化”自然也就与“大众文化”“平民文化”乃至“市井文化”相联系，指以社会下层人群为主体、满足一般大众需要的文化。从逻辑上说，这种理解和划分只是反映文化有不同的主体类型和层次，如果不加进身份等级歧视和阶级偏见，应该说其中并不包含褒贬的含义，并不意味着“高低、优劣、贵贱”之分。

“俗、雅”与“大众、精英”之间的联系，要有具体的、实事求是的分析判断，不能轻易在它们之间画等号。“大众文化”不总是粗野简陋的，而“精英文化”也不必然是高雅精致的。事实上，文化的“雅俗高低”是要在每一次的创造中具体地显现和接受评判的，并不是固定不变的。中国千古名篇《诗经》，原本是当时的民谣俚曲，却可以成为后世的风雅之师；而许多当年被视作风雅之极的宫廷御制、状元文章等，如今却大多和其他文化糟粕一道成了历史的垃圾。此外如《水浒传》《西游记》等小说，京剧等戏剧，中国传统工艺等，原都是来自民间的“大众文化”，是一种“俗”文化产品，现在则成了传统文化中的瑰宝，成了雅文化。不论大众的还是精英的文化，都有自己“俗”和“雅”，都有自己从低向高、从浅入深、从粗到精的发展提高过程。历史证明，“大众文化”也可以有自己的精品，有自己的高贵和优美；而“精英文化”也难保不出粗俗之作，也有它们的俗气、无聊和空洞。只有凭借创造的智慧和精心的劳动，才能产生精品。对任何人和任何文化形式说来，都是如此。

但现实生活中人们却往往不大注意对“雅”和“俗”的两种含义加以区别，由此造成了一些误解，甚至偏见。例如在某些潜意识中，一味地视古为雅、视今为俗，以寡为雅、以众为俗，以远为雅、以近为俗，以静为雅、以动为俗，以庄为雅、以谐为俗，以虚为雅、以实为俗，等等。在这些观念中存在着一种片面化、表面化、简单化的倾向，实际上是以少数人的口味为准，把他们所欣赏的文化风格当作唯一的标准，无形中已经预先地包含着脱离现实、轻视群众的成分，从而忽视了大众世俗生活的文化权利。

说到底，“大众文化”才是民族文化最深厚的基础，是最本真的“文化文本”，是民族文化伟力的根源。没有了普通大众的世俗生活，人类文化就将失去生命力的源泉。

2.对“文化世俗化”的现象的思考

“雅俗”本身是对文化现象品位的一种描述和判断，它以文化产品和文化行为的质量为中心，并不是对文化主体（精英或大众）的界定，不应该将二者轻易地等同或混淆。同时，在如何看待“雅、俗”与“精英、大众”之间相互关联的问题上，则直接或间接地反映出人们在文化观念上的根本立场和思维方式的差别。而在涉及根本文化立场的问题上，我们更要旗帜鲜明地坚持人民主体论的马克思主义宗旨。

就中国具体情况而言，伴随着整个社会向市场经济的转型，在文化领域也出现了“重心下移”的趋势，普通大众的文化需求日渐成为市场的主导力量，而“精英文化”却在市场上受到某种程度的冷落。一些人称之为“文化世俗化”或“俗文化泛滥”。“文化重心下移”应该说是一种具有历史合理性的进步，是我们的文化“为人民服务”之必须。每一个不把自己同大众对立起来的人，都不应该视之为“危机”和“失落”，而应视之为一种“归位”和“落实”。因为多年来，为中国广大群众所乐于和便于参与的文化形式和活动并不丰富、充分，实际上还有些简单和贫乏。至于“雅文化”的“失落”，则应该从其他方面找原因。

（三）大众文化

这里所说的大众文化主要是指兴起于现代都市的，与现代大工业密切相关的，以全球化的现代传媒（特别是电子传媒）为介质大批量生产的现代文化形态，是处于消费时代或准消费时代的，由消费意识形态来筹划、引导大众的，采取时尚化运作方式的现代文化消费形态。它是现代工业和市场经济充分发展后的产物，是现代大众大规模地共同参与的现代社会文化公共空间或公共领域，是有史以来人类广泛参与的，历史上规模最大的文化事件。

大众文化有七个特点：1. 商品性。即它伴随着文化产品大量生产和大量销售，大众文化活动属于一种伴随商品。2. 通俗性。大众文化不是特定阶层的文化，而是社会上散在的众多“一般个人”的文化。3. 流行性。大众文化是一种时尚文化，呈忽起忽落的变化趋势。4. 娱乐性。大众文化无论其结局是悲是喜，总是追求广义上的愉悦效果，使公众的消费、休闲或娱乐获得轻松的满足。5. 依赖性。大众文化主要是在大众传媒的引导下发生、发展和变化的，没有大众传媒，也就没有大众文化。在这个意义上，大众文化也是一种传媒文化。6. 大众媒介性。即大众文化以大众媒介为主要传播媒介，具有这种媒介所规定的特点。大众媒介，通常包括机械印刷媒介（报纸、杂志、书籍等）和电子媒介（广播、电影、电视、网络等）两大类。7. 日常性。与欣赏高雅文化带有更多的个体精神性不同，公众对于街头广告、电视剧、流行音乐、时装、畅销书等大众文化的接受，是在日常生活的世俗环境中进行的。

（四）民间文化

1. 民间文化的概念

民间文化是指由社会底层的劳动人民创造的、古往今来就存在于民间传统中的自发的民众通俗文化。从社会分层上看，民间文化是一种来自社会内部底层的、由平民自发创造的文化。民间文化还是一种具有农业社会生活的背景、保留了较多传统色彩的文化。

2. 民间文化的种类

民间文化立足于民众具体的生产生活中，以一种通俗活泼的形式，自发创造出来的用以娱乐民众自我的文化形态，是一种“自娱自乐型”的文化。

民间文化是祖先留给我们的文化遗产，主要包括四种类型：民间文学、民间表演艺术、民间美术和民俗文化。

民间文学的种类很多，我国各种类型的民间文学形式包括神话、故事、传说、歌谣、谚语等，它们构成了中国口继文学的历史，对过去人们的道德思想形成了很大的影响。

民间表演艺术包括民间戏剧、曲艺、音乐、舞蹈、武术、杂技等，它们是从上古时代产生、发展并传承下来，历史悠久。中国的民间戏剧发源于原始劳动歌舞，是世界戏剧三大源流之一。

民间美术包括瓷器、泥塑、玉雕、年画、剪纸等种类，也是很珍贵的一笔遗产。而传统工艺美术开始遇到了新的挑战，许多工艺美术行业都处于后继乏人的困难境地。例如年画、剪纸过去在民间都很流行，但20世纪80年代以来，传统木版年画，除专家、学者、外国人外，很少有人问津。而目前学习剪纸的主要是乡村妇女，年轻人并不重视它的传承。民俗文化反映了老百姓日出而作、日落而息的各种习俗，如庙会和春节等。这些传统节日中有着大量的民族文化内涵，然而随着西方大量节日的到来，中国的很多节日却在逐渐淡出人们的日常生活。

3.民间文化的特点

一是自发性。从民间文化作品的创作过程来讲，自发性体现在其创作的任性而作、随处可作的特点上。从作品的写作目的来看，民间文化大多是一种无名无姓的人们在其生活过程中制作的，因此，它时常是在自我娱乐、自我消遣的轻松前提下随口道来、信手拈来的；并在流传过程中，率性而作、随心而改，不必顾虑人们是否接受、作品内容是否成熟、是否有吸引力等。

二是传承性。传承性首先体现为一种言传身教。其次体现在口口相传。在民间文化作品的散播和接受过程中，“面对面”是其重要特点。诸如民歌、传说、谚语、戏曲、评书等民间文化作品，都需要实地表演、亲身展示或者付诸行动等，这些艺术形式散播于村坊市井、街头巷尾，也出现在庭院房中、流传在欣赏者自己的口里和手上。

三是俗化和程式化。喜闻乐见的形式秉承着一定的民族文化的传统形式，往往在长期的民间文化流传过程中形成了便于民众接受的程式化的审美形式。

四是实用性和娱乐性。民间文化大多产生于农耕时代，在一定的历史时期内，“实用性”使其保持着旺盛的生命力。例如过去，春节要贴门神，家家户户少不了要买年画，“朱仙镇木版年画”也就应运而生了。一到春节，民间文化就迎来了一年中的“黄金期”，那时人们把当地的民间文化当作过年精神狂欢的重要方式。因而说民间文化具有娱乐性。

4.民间文化的现状

中华文化是由两部分组成的,一半是精英和典籍的文化,一半是民间文化。两部分同等重要,相互不能代替。民间文化是我们的祖先五千年以来创造的极其丰富和宝贵的文化财富,是我们民族精神情感、个性特征以及凝聚力与亲和力的载体,也是我们发展先进文化的精神资源与民族根基,以及综合国力中不可或缺的坚实的精神内涵。

民间文化常常扮演着“下里巴人”的角色,这是一个文化的盲点。也正由于这个原因,中国的民间文化常常处于一种自生自灭的状态。而这个文化价值论的存在直接导致了它们的生存危机,特别是在外来文化入侵的情况下,它们更是难以持久。

由于民间文化长期不被重视,也没有从文化上、从全球化的背景上来看待这个“中华文化的一半”,因而至今我们对于民间文化的整体状况认识不清、心无底数,加之民间文化是一个非常脆弱的生存方式,与经典文化以及典籍文化相比,它从没有像它们一样用各种方式进行加强。并且民间文化还有一个致命的弱点,它的传承一般都是口口相传,并且还有很多“传男不传女,传内不传外”等禁忌,传承的范围也很窄,大多是师傅传给徒弟、父亲传给儿子等传承形式,一旦出现断线,这种形式很快就可能消亡。因此民间文化的传承与保护刻不容缓。

第三节 群众文化需求与群众文化

一、群众文化需求

群众文化需求是群众文化本原的集中表现,是社会实践主体在自我完善过程中与以文化娱乐为主要内容的活动之间建立的依赖—适应关系。群众文化需求是社会实践主体生命过程的固有属性,是客观必然的社会存在。

公民对群众文化的需求,是指人们在职业外的主要闲暇时间里为满足自身精神文化生活需要而开展的自我参与、自我娱乐、自我完善方面的社会性文化需求。

群众文化追求包括三个层次:娱乐休息的生存追求,审美愉悦的享受追求,表现创造力的发展追求。群众文化需求的三个层次紧密相连,成为相互渗透,相互作用的系统,呈现群众文化需求的复杂性和多样性。

满足群众文化需求的不同渠道:群众文化需求是通过自发的群众文化活动,公共文化活动,公共文化服务(包括群众文化服务)和文化市场来满足的。群众文化的基本职能是满足公民的基本文化需求。①

二、群众文化需求与群众文化的关系

群众文化需求是群众文化的第一要素,是群众文化的动力与前提。群众文化的一切生成物,都仅仅是为了满足这一客观需要而产生和发展的。群众文化工作必须以满足群众文化需求为出发点和归宿。

群众文化需求与实现这种需求之间的矛盾是群众文化的基本矛盾。群众文化的客观需求是广泛的、多样的、不断发展的,而实现群众文化需求则是具体的、受一定条件限制的,所以群众文化需求与实现需求的矛盾构成了群众文化的基本矛盾。这是群众文化要素间的本质联系和发展的内在原因。

当群众文化需求处于自在状态时,会产生盲目性和从众性。群众文化需求是可以诱导的,文化环境有很强的吸引力,能够改变群众文化的性质和指向。

现阶段,中国广大人民群众的文化需求空前提高,其需求面之广、量之大、质之高也是前所未有的。群众的文化需求成为当前群众文化蓬勃兴起的最重要的内驱力,是群众文化建设的第一推动力。

(一)群众的基本文化权益与群众文化的群众性

群众性是群众文化所固有的显著特征,群众性表明群众文化是群众所应拥有和享受的精神文化,是群众的基本文化权益。

这一基本权益,表现在群众享有充分发挥文化才能的机会,条件和享受文化生活的权益,不仅有享有日益丰富多彩的文化艺术生活的权益,还有不断提高自身文化艺术素质、直接参与各种形式的旨在表现自我价值的文化艺术活动的权利。

①张铮.新时代社会文化新需求分析[J].人民论坛,2020(20):133-135.

群众在群众文化中占有主导地位。群众是群众文化的主体,在群众文化活动中具有自我性和自主性。

群众性要求社会的群众文化供给、服务对象是全体人民群众,要求社会要满足群众的文化需求,要求社会的一切群众文化活动必须符合群众的意愿,要求不断提高群众的文化实践能力和占有水平。

(二)群众文化生活的直接目的与群众文化的自娱性

娱乐是群众参与群众文化活动最直接的目的。自娱性是群众文化的外在特征。以文学艺术为主要内容的群众文化的一个外在特点,就是自娱性。人们在求乐心理的驱使下,怀着满足自身乐趣的期望,通过群众文化活动获得心理和生理上的满足。群众文化的主客体以娱乐为中介构成紧密的联结。

群众文化活动中"娱乐"与"教化"的内在联系:"乐"是群众文化活动的表现形式,是人们的期望所在;"教"是群众文化活动的思想内容,是潜在的效力;"寓教于乐","乐"和"教"是和谐的统一。

(三)群众文化需求的引导与群众文化的倾向性

群众文化的倾向性是指反映在群众文化中的阶级立场、政治思想和审美意识所表现的方向,是从思想内容上反映群众文化本质的一个内在特征,是群众文化的灵魂所在。群众文化的倾向性具有必然性和多样性。

群众文化的倾向性是由群众文化需求的倾向性决定的,群众的文化需求具有一定的倾向性。当群众文化的主体对客观需求处于自在状态时,其对于群众文化的需求也呈现出丰富而复杂的具体表现,有正确的、积极的、进步的和理性的需求,也有错误的、消极的、落后的甚至盲目的需求。

群众文化的倾向性包括:阶级性倾向、人民性倾向和民族性倾向等。

群众文化需求的可诱导性是指在群众文化的客观需要向主观心理要求转化的过程中,文化环境具有较强的吸引力,能够改变需求的倾向,成为需求的可诱导性。需求的盲目性越大,可诱导性越强。群众文化工作者的一切工作既要以满足群众文化需求为前提又要对其需求进行积极诱导。

(四)群众文化生活的创新与群众文化的传承性

群众文化的传承性是指群众文化独特的发展方式通过不断传承形成其群众文化传统,并在此基础上发展和创造出新的群众文化的形式和内容，是群众文化不间断的连续存在的特性。

传承的机制与意义：传承性是一种历史的联系和循环的过程，是群众文化发展的一种永恒的方式，“承传”有别于“继承”，包括继承和下传，是指承上启下、承前启后的历史联系，其中包含着创造的成分。

群众文化的创新：承传性中的创造性在群众文化的承传过程中具有关键的作用群众文化就是在不断地创新过程中得到继承和发展的。

承传的三个历史阶段：口耳承传阶段、文字载体承传阶段、文字和实况录制相结合。远距离传播，数字化高密度和高容量储存阶段。

三、保障群众的基本文化需求是群众文化的基本职能

群众的基本文化需求包括文学艺术欣赏、文学艺术参与和文学艺术学习三个方面。而群众文化是以文学艺术为主要内容，包括文学艺术鉴赏、文学艺术的创作与展示、文学艺术培训、文化艺术活动。

群众基本文化需求的自我满足，即通过群众自我组织、自我参与、自我娱乐的群众文化活动来满足自身的文化需求。

政府提供的群众文化服务，属于基本文化服务范畴，包括：政府直接提供群众文化服务，政府通过设置群众文化服务机构向公民提供群众文化服务，政府通过政策鼓励和扶植社会兴办群众文化机构向公民提供文化服务，政府通过购买社会资源向公民提供群众文化服务。

群众文化服务的主要特点：普及型服务，即面向广大群众开展的文化艺术普及活动；提高型服务，即面向业余文艺骨干和业余文艺团队开展的培训和辅导活动；保障型服务，即面向社会弱势群体提供的公益性文化活动和培训等；个性化服务，即为群众的特殊文化需求提供的个别性、对象化、深度增值性质的文化活动和培训等。

四、群众基本文化需求与群众文化的作用

（一）群众的文化生活需求与群众文化的精神调节作用

群众文化的精神调节作用是指群众文化在调控参与者的意识、思维活动和一般心理状态方面所产生的效能。主要表现在娱乐休息效能、宣泄情感效能和审美效能三个方面。

娱乐休息是群众最低层次的文化需求，是劳动力再生产的准备，娱乐休息贯穿人类生活的全过程。人们通过参与群众文化活动，从而在娱乐中

得到一种积极性的休息，为劳动力再生产提供必要条件。

人类的情感需要宣泄，情感的宣泄是人类自我调节的文化需求。群众文化为情感的宣泄提供了表现方式和途径，即为参与者提供尽情表现自己的舞台，为参与者发挥才能、沟通社会关系、表现自身价值提供多种机会和方便，群众文化是宣泄情感的渠道。

美的享受的需要是出于人类本性的一种特殊需要。群众文化的审美效能是通过人们对自然事物或艺术品的美的感受和领悟，激发人们认识美、热爱美、追求美、创造美的生活情趣和理想，给予人们以情绪上的激动、感觉上的快适以及精神上的愉悦和满足。

（二）精神文明建设与群众文化的宣传教化作用

群众文化对社会主义精神文明建设具有积极作用，是由群众文化与精神文明建设的内在关系所决定的。群众文化是精神文明建设的重要阵地，通过群众文化的传播，在感化育人方面发挥特殊的宣传教化作用；精神文明建设是发展先进群众文化的重要内容和中心环节，它为群众文化灌注生气，是体现群众文化价值的依据和内容。二者相互渗透、相互依托、相互促进。

群众文化的宣传教化作用通过三个效能来表示：传播效能、陶冶性情效能、规范行为效能。

群众文化活动是信息传播的媒体和载体，也是精神文明传播的媒体和载体，为社会主义精神文明建设提供了有效的宣传教化途径。群众文化活动的内容十分广泛，具有通俗性和趣味性，有强烈的吸引力，让人民群众在娱乐和享受中受到教育与启发，在潜移默化中培养社会主义核心价值体系的价值认同。

群众文化陶冶性情效能的特点是“寓教于乐”“自我教育”。群众文化将娱乐与精神文明建设的要求紧密地结合起来，用饱含爱国主义、集体主义、社会主义思想内涵的先进文化，引导人民群众自娱和娱人、自育和育人；用时代的、新颖的、进步的、人民群众喜闻乐见的文化活动形式，吸引人民群众的广泛参与；使广大人民群众在群众文化生活中，心智得到启迪，情操得到陶冶，精神得到振奋，思想道德、文化素质得到提高。

群众文化的规范行为效能是指人们通过对群众文化活动的参与，使品德行为自觉地接受社会准则的规范。群众文化的规范作用是在不自觉的状态中发生、在自觉的状态下得到强化的。人们在参与群众文化活动时，对其所包含的文化精神、道德伦理、价值观念等也就不自觉、无意识地接受了。通过群众文化传播社会主义精神文明，引导并影响人们的思想、道德、行为，自觉地规范自己的行为。

（三）学习型社会与群众文化的普及知识作用

群众文化具有普及知识的作用，它在内容上具有综合性，将社会科学、自然科学等各种知识包容其间；它在活动对象上具有广泛性，不同层次的人们都可以从中学习知识、发挥才智、获得教益。在学习型社会中，群众文化是终身教育的一个重要方面，是人们获取知识经验的重要途径。

群众文化是一种特殊的知识经验承载体，蕴含着一代代人积累的知识、经验、技能，人们通过群众文化活动互相交往、相互学习，不断充实、丰富自己。

群众文化的社会教育效能具有广泛、业余、灵活、方便、通俗的特点，对当前中国社会大众的文化启蒙、文化素质的提高有着极为重要的作用。它拓宽了教育途径扩大了教育内容，降低了教育成本，深化了教育的影响力，是中国社会教育的有效途径之一。

群众文化的普及知识作用是通过各种引起人们兴趣的群众文化活动的方式实现的。通过群众文化活动来激励参与者学习知识、开发智力、启迪智慧、增强智能，就是群众文化“乐中求智”的效能。

（四）和谐社会建设与群众文化的团结凝聚作用

群众文化以其特有的团结凝聚作用在和谐社会建设中发挥着重要作用。它通过人们对群众文化活动的参与，起到交流思想、沟通感情、加深理解、加强团结、促进社会和谐的作用。这种作用主要表现在群众文化的沟通效能、吸引效能和激励效能。

群众文化是沟通人们心理的桥梁。它符合人们的审美娱乐的心理特点，有特殊的感染力，能够吸引人们的注意力，促使人们积极参与，黏合各种裂痕，促进社会人际关系的和谐发展。

通过群众文化中具有审美意义的群众文化活动内容和形式的刺激，激发人们认识和谐、热爱和谐、追求和谐、创造和谐、享受和谐的生活情趣和思想。

第二章 群众文化的社会化

群众文化根植于群众，服务于群众，具有普遍的社会性，由当前我国的基本国情决定。形成群众文化事业自身社会化运作模式、社会参与机制和市场化运作机制。多渠道的投资方式是公益性文化建设社会化的主要特征之一。建立群众文化事业自身社会化发展模式，建立社会参与机制，建立市场运作机制。多渠道的投资方式是公益性文化建设社会化的主要特征。

第一节 群众文化的社会化理念

一、群众文化的社会属性

（一）群众文化的公益性决定了社会化

社会主义的群众文化工作是党和政府组织、团结人民群众的纽带，是凝聚民族力量，振奋民族精神，提高存活质量的一种形式，是愉悦人民群众身心，净化社会环境，提高民族素质的一种措施；是宣传、贯彻党和政府各项方针政策的一大阵地。群众文化所蕴含的社会公益性，决定了群众文化工作不是个人、部门、单位某一时期及局部的行为，而是事关整体、大局、现在以及未来的长期行为。资金理由一直是制约群众文化发展的瓶颈，在加大政府资金投入的同时，还应当积极的调动社会力量参与其中，在政策上给予鼓励、支持和指导，对群众文化资金方面形成有力的保障。

（二）群众文化的社会化由市场经济决定

市场经济发展到今天，计划经济状态下的封闭式群众文化活动，已经被市场经济打破。按人们对文化生活的消费需求来转变文化工作的观念、思路等，这一系列理由，不仅摆在了政府文化职能部门面前，同时也摆在了社会各界及各单位的面前，需要建立一个与市场经济相适应的现代、科学的结构合理、发展平衡、资源共享、网络健全、运转高效、服务优质的公共文化服务体系以及与其相配套的政府管理体系和市场运作体系。党的十一届三中全会以来，我国经济单一的公有制逐步形成为目前全民、集体、个人及混合型并存的多元结构，文化事业也与其他社会产业一样，特别是群众文化活动本身也必定要求其他经济成分参与，这是因为文化中的商业价值，有了其他经济成分的参与，给群众文化活动带来了活力和发展。群众文化的社会化也是由市场经济决定的。

（三）群众文化的发展决定了走社会化道路

长期以来，国家对文化事业的投入不足，不能满足群众日益增长的文化生活需求，导致群众文化活动及场所相对萎缩，政府决策者的努力，受益者的积极参与，专家学者，学术界及有关专业团体和研究机构的指导发挥着重要作用。群众文化的发展不仅要寻求政府的支持和自身的努力，还需要借助社会力量的资助，比如在举办群众文化活动时或群众文化设施建设中可以借助社会企业的力量，个人赞助及多方面的支持，这样就把群众文化推向一个更好的发展层次；举办大型公益活动，如文化节庆、庆典晚会，重点文化艺术展览、演出活动，送文艺演出等都可采取授权或委托符合条件的企业、事业单位及社会团体、民间组织来承办。所以群众文化必须走一条新路，来寻求发展壮大，来满足社会的需求。这就是走社会化道路由全社会来参与和支持，才能使群众文化在新的形式下不负使命，与时俱进。

二、群众文化广泛的社会性

社会性是群众文化与专业文化相区别的一大鲜明标志。诚然，专业文化也是为社会为群众服务的，从这个意义上说，它同样有社会性。但是，它的社会性的表现和范围都与群众文化有很大的区别。在群众文化活动中，社会成员可以更为广泛和直接地参与文化活动的实践，而不仅仅是被动的欣赏者、接受者。在活动方式上，群众文化也远较专业文化有更大的灵活性和随意性，从一两个人的业余创作和游戏娱乐到万人踊跃的文化庙会、节庆活动，都可纳入群众文化的范畴。从活动的组织方面来看，群众文化的社会性就更加明显了，个人、社团、企业、部门直到各级政府，都可以成为群众文化活动的发起者和组织者。因此我们说群众文化较之专业文化有着更为广泛的社会性。群众文化的社会性,主要表现在四个方面,即:参与者的全民性,活动地域的广阔性,活动内容的多样性普及性,活动方式的社会化。

第一,参与者的全民性。参与群众文化活动的人,几乎包括全社会的成员。不同民族、不同性别、不同职业、不同年龄、不同文化素养、不同居住环境的人,都有自己需要的和适合各自情况的群众文化活动。如青少年是群众文化活动最活跃的分子,是群众文化活动的生力军。他们的爱好很广泛,对事物有强烈的好奇心,在性格上一般较之中老年人更加爱动而不爱静,他们几乎涉足于群众文化活动的一切领域,尤其是对群众性的文艺、游艺、体育、旅游等活动兴趣更大。而老年人由于自身的特点,在文化生活方面也有着自己的强烈要求,除喜爱健身活动之外,一般喜爱比较清静的不激烈的文化活动。如观赏和自娱性地演唱传统戏剧,阅读消遣性书刊,写字作画,下棋打牌,品茶说古等。文化素养较高的人需要较高的文化享受,文化低的人同样寻求自己的文化乐趣。村妇剪窗花,山女绣衣裙,既是工艺劳动,又是文化享受。战争环境是极其艰苦的,然而在激烈的战斗间隙,仍然离不开群众文化活动。战场的勇士,同时也是群众文化活动的积极参与者,这样的事例是不胜枚举的。

第二,活动地域的广阔性。群众文化活动不受地域的限制。从辽阔草原到湖乡海滨,从繁华城市到偏远山村,处处都有群众文化活动。不同的政治、经济、地理环境中,群众文化活动只有丰富与贫乏和水平高低之分,而不存在有无之别。在当今世界上,现代化城市里有已经普及的电子游戏一类现代娱乐手段,而在一些不发达地区的游牧渔猎部落中则有敲打着兽皮鼓的原始歌舞。我国是个地域辽阔、民族众多的国家,虽然各民族的语言、风俗、生活习惯不同,但仍有一些共同的文化艺术活动,特别是民间艺术活动如舞龙、舞狮等。在乡村文化中心普遍兴起之后,许多种文化活动形式如电影、电视、阅览、游艺、体育、科普等已经逐步由城市普及到乡村。然而,不同地域的群众文化发展是不平衡的。经济条件好的地方,一般地说,活动的设施也比较好,活动的形式内容也较丰富多彩,而经济条件差的地方,这些方面也就差些。不同的地域,除了共同性的群众文化活动之外,还有自己鲜明的地方特点,如扎根于当地群众中的某些传统活动内容和形式。这种地方特点,是在本地区发展的历史长河中形成的。不管共同性的群众文化活动如何发达,这种地域性的特点是不会消失的,而且会随着时代的发展而不断发展。

第三,活动内容的多样性普及性。群众文化活动能够广泛地吸引全社会的成员,满足他们多方面的文化生活需要。这种广泛性本身就体现了社会性。从群众文化活动的内容来研究社会性,我们还可以看到,群众文化活动内容的多样性普及性,也是形成社会性的另一个重要因素。一般说来,群众文化是普及性质的,专业文化则是在普及基础上的提高。当然,普及与提高是辩证统一的,不可截然分割。在群众文化中,同样是既有普及,又有提高;既有适合较高文化素养人们的高雅活动,又有适合较低或一般文化素养人们的普及性活动,更多的活动可说是雅俗共赏的。虽然群众文化工作的主要对象是工人、农民、一般城镇居民等中下文化水平的广大人民群众。比如,文学中的民间文学、通俗文学,艺术中的民间音乐、民间舞蹈、民间美术、民间戏剧以及其他各种民间习俗活动如舞龙舞狮、龙舟竞赛、射箭摔跤、比武赛马等等,都是具有普及性质而又雅俗共赏的。正是由于它的普及性,才能够为广大群众所喜好,才能吸引广大群众成为这些活动的主角和热情的观赏者。

第四,活动方式的社会化。群众文化活动本身就是一种社会化的活动。从有群众文化活动以来,它的活动方式就是社会化的。这是因为群众文化活动是全体社会成员自发的需要,同时,它又是与其他社会活动,首先是社会的物质生产活动紧密联系的。随着社会的发展,群众文化活动扩大了与其他社会活动的联系,如宗教活动、祭祀活动、节日活动、欢庆活动、集市活动,社交活动等,并在与这些活动的结合中丰富发展了自己。人们在参加各种社会活动的同时,参加各种群众文化活动,满足自己的兴趣爱好,发挥自己的聪明才智,得到了在个人活动和家庭活动中所享受不到的精神文化生活。尽管人们各种社会活动的内容和形式不断变化着发展着,群众文化活动的内容和形式也不断发展着,但群众文化活动与其他社会活动紧密联系这一现象却始终存在。这种活动方式的社会化,是群众文化活动自身的规律,是群众文化活动之所以经久不衰的重要原因之一。因此,对于群众文化活动,不能动辄以行政命令的方式来发动或禁止,不能搞一刀切,而只能是以适应其自身规律与特性的方式来提倡和引导,使其健康发展,更好地为人民群众的生活服务。

三、群众文化社会化对群众文化工作的新要求

市场经济条件下的群众文化与计划经济时期相比发生了很大的变化,其中的重要标志就是群众文化的社会化,要表现在群众文化运行机制的社会化与群众文化服务供给方式的社会化。

(一)群众文化运行机制的社会化

群众文化运行机制的社会化使群众文化已经从群众文化事业单位内部的小循环转变为整个社会环境下的大循环,从而拓宽了群众文化工作的视野。

随着市场经济的发展和人民群众文化需求的提高,群众文化运行机制的社会化已经十分明显,主要表现为:社会文化机构进入到群众文化服务领域;社会文化资源广泛用于群众文化服务;社会资金参与投入群众文化事业。在公共文化服务体系建设的背景下,群众文化运行机制社会化的特征将更加突出。

如何利用社会文化资源开展群众文化服务,引导和鼓励社会资金投入群众文化事业和兴办群众文化服务机构,是群众文化工作的新课题。一方面,要认识群众文化运行机制社会化给群众文化带来的巨大效益,发挥其在改善群众文化服务质量,提高群众文化服务能力,满足群众多方面、多层次、多样化文化需求方面的作用;另一方面,要适应群众文化运行机制社会化给群众文化带来的变化,使之符合群众文化公益性的特征和自身发展的特点和规律,充分利用运行机制变化的优势,更好地发展群众文化事业。

(二)群众文化服务供给方式的社会化

群众文化服务供给方式的社会化是群众文化社会化的另一个重要标志。主要表现为:引进竞争机制,采取政府购买、项目补贴等方式从市场购买群众文化服务;政府鼓励兴办社会公共文化服务中介组织和群众文化团体、机构提供群众文化服务。群众文化服务供给方式的社会化,改变了以往群众文化产品和服务主要由群众文化事业机构独家提供的单一化形式,有效地引入了市场竞争机制,有助于群众文化产品供需不对路、群众文化服务质量不高等问题的解决。

政府购买方式是由政府文化部门或委托群众文化机构按照规定程序，以约定方式向符合资质要求的社会文化组织或文化企业定向、定量购买群众文化产品。项目补贴方式是由政府部门对社会文化组织或文化企业，采取资金补贴或奖励等方式来获取群众文化产品。此外，还可以采取银行贷款担保、贷款贴息、减免税收等方式获取群众文化产品。但无论以何种方式从市场购得的群众文化产品，都应以无偿的方式提供给群众。

除了在群众文化产品生产的环节上采用向市场购买的方式，还在群众文化服务提供主体的选择上采用了市场化的操作方式。即在主要承担群众文化服务的各级群众文化事业机构之外，积极鼓励社会力量兴办公共文化服务的中介组织、各类群众文化团体和机构，使之共同承担提供群众文化服务的任务。公共文化服务的中介组织是指顺应文化市场需要而建立的为供需双方提供信息、促成交易的文化服务机构。文化中介组织是公共文化服务体系的媒介，在合理配置公共文化资源、调整供需双方关系等方面具有重要作用。

群众文化服务供给方式的社会化，要求群众文化工作的相关政策、群众文化工作的对象、群众文化工作的方式都要与之相适应。①

第二节　群众文化的社会地位

群众文化是我国文化事业的基础，也是精神文明建设的重要组成部分。社会主义群众文化事业的发展水平是社会主义精神文明建设的重要标志之一，所以，没有群众文化事业的繁荣和发展就没有社会主义文化事业的繁荣和发展。群众文化社会化作为一作策略，早在计划经济时期的文化工作中就已经存在了，只是在计划经济的情况下，这种方式无须形成主流，但是随着市场经济的建立及发展，于时代要求的工作方式便成为群众文化工作的首选，是社会发展的必定趋势。②

当前，随着我国不断向以市场经济为核心的社会经济结构发生转变，文化形态发生变化也成为必然。应运而生的大众文化、娱乐文化使人们从

①张惠．如何提高群众文化供给[J]．人文天下，2019(04)：117-119.

②高静．浅论新形势下如何加强群众文化建设[J]．文化月刊，2022(08)：103-105.

观念上对群众文化的社会地位和功能日渐模糊，一些群众艺术馆、文化馆为适应市场经济，开始向大众文化和娱乐文化发展，而群众文化却淡出了人们的视野。当我们去静静反思时才会发现，群众文化是不能也不可能为大众文化和娱乐文化所替代的，正是因为它的特殊社会地位和特殊的社会功能，群众文化才有了赖于生存的土壤和发展空间，我们并非只是简单地要强调群众文化去否定大众文化和娱乐文化，而要把它们边缘化。重要的一点是我们迫切需要明晰群众文化与大众文化、娱乐文化的各自侧重点，以及它们在存在方式、评判标准和价值取向上的区别。

我们知道，大众文化是依赖于现代传媒迅速发展起来的，以迎合观众或听众的娱乐趣味为前提，它多数是以一种商品的形式出现的，并以此进行生产、包装直至流通，它身上所体现的更多的是一种商业的价值，它在日常文化活动中的价值也只是以销量的排行与收视率的高低等作为衡量依据。同样，娱乐文化也以它的消费性作为显著特点，如艺术表演类的歌舞厅、音乐茶座、服装表演、游乐场、音像制品等行业，它们都是以提供文化消费服务来达到赢利目的的。大众文化与娱乐文化无疑都具有一个共同的特性——商业性，这也是它们赖以生存的共同基础。

而群众文化则是人民群众以自身作为活动的主体，以娱乐方式作为主要内容，以满足自身精神生活需求为目的的文化。群众文化是人们用以表达自身喜、怒、哀、乐等思想感情的重要手段，它产生并贯穿于长期的劳动生产过程，从而拥有最广泛的群众基础。正是因为主动参与，群众在活动中才能实现自我教育，获得情操的陶冶和审美享受，并在健康的审美享受中建立和升华高尚的审美趣味，提升自身的文化艺术修养和境界，这也是群众文化特有的社会地位决定的，它同时符合群众文化的娱乐修养和审美、宣传教育、文化传承、生活实用的功能。例如，近年来镇江市一些群文管理部门克服了诸多困难，在全市范围内连续开展的“文心讲堂”“大爱镇江”、市民文化广场健身等系列活动，同时，各种形式的广场文化也开展得如火如荼，广大群众表现出了前所未有的参与热情。由此，也让我们看到了群众文化拥有的广泛的群众基础，健康向上的群众活动也同样陶冶人们的情操，烘托城市的文化氛围，提升城市的品位。

同时，我们也不难发现，如果群众文化拥有了特殊的社会地位和功能，还可以从另一层面上滋润和弥补其他文化活动的不足。因为，就大众和娱乐文化而言,主要表现于群众在参与该类文化消费时的盲目无知以及审美偏差。文化市场中,因消费者自身文化艺术修养的缺乏和文明素质低下而引起的混乱局面时有发生。就专业文化形式而言,因文化素质的差异,部分群众也不能完美地体验个性化特征鲜明的专业文化带来的愉悦,专业文化或者说艺术品绝不会只是简单地迎合他人趣味,而是取决于它对人类、对历史的价值。我们可以看到,润物细无声的群众文化活动在提高人民群众的文化艺术素养的同时,也为大众文化、娱乐文化以及专业文化的衍生和发展打下了坚实的基础。

群众文化工作和它开展的各类活动,是人民群众进行文化消费和接受专业文化最直接、最富成效的文化艺术铺垫,有不可取代的特性。

第三节 群众文化的社会功能

当人民群众对于群众文化产生一定的认同感与归属感之后,个体便能在群众文化氛围中放松身心,愉悦自我,从而更好地接受更多的文化娱乐体验。从群众文化的娱乐功能来看,其能够在满足大众知识需求基础上通过趣味性互动来营造轻松的社会氛围。一方面,群众文化能作为大众闲暇时讨论的话题,并且在此过程中通过相关话题的探讨来满足大众的精神生活,丰富大众的精神世界;另一方面,大众能在多元化、趣味化的群众性活动中进行体验,通过体验来结交朋友畅谈人生,在满足自身社交需求的基础上还能通过相应趣味活动来进行娱乐,更好地达到精神放松的目的。

一、娱乐功能:群众娱乐,休闲放松

这是群众文化区别于政治、法、哲学等其他社会意识形态的显著标志,因为它本来就是人们在劳动之余为了娱乐休息和审美的需要而创造产生的。娱乐休息是群众文化天生的本性。原始的舞蹈就具有纯粹锻炼的性质:在晚间已从当天的劳累休息过来之后,原始人感到一种自然的生理要求,要活动一下自己的肢体,以轻松的形式把自己的心情和感受传达给别人,表现一下自己的满足、适意和从原始生存中得来的欢快。这种原始的舞蹈,就属于最初的群众文化,是原始人在休息时为了娱乐而创造的一种

活动方式。起源甚早的我国各种地方小戏,也是劳动人民为了自我娱乐而创造出来的一种集诗歌、音乐、舞蹈于一体的文化活动方式。明清两代,农业生产有了一定的发展,当时农民在农忙时节组织临时性换工,集体下田,击鼓为号,群歌竞作。休息时,人们以手帕、雨具、汗巾、扇子之类做道具配伴歌舞,即兴表演,以为欢乐。逢年过节或邻里间有婚丧喜庆之事,人们又把劳动中产生的各种歌舞形式综合起来,相邀聚演,自我娱乐。旧社会许多地方的农民都把自己组织的业余戏班子叫作"自乐班"。而今,人民群众的物质生活条件较之旧社会有了很大程度的提高,娱乐的形式和内容更是多种多样。从古到今,娱乐始终是人们追求的丰富多采的社会生活的一项必不可少的内容。欢山在群众文化的发展历史上,其娱乐审美的功能始终存在着,并贯穿在各种活动形式之中。如逢年过节舞龙灯、耍狮子、踩高跷、划旱船,至今仍是人们喜爱的传统娱乐项目。至于下棋、游戏等,则更是一种有益而简便的娱乐休息。我国少数民族许多传统节日的文化活动,也都体现了娱乐审美的功能。如蒙古族人民在每年一度的"那达慕"(翻译成汉语就是娱乐或玩耍的意思)大会上,举行的摔跤、赛马、射箭、歌舞等各种民族形式的文体活动,就是很好的例证。

正因为群众文化具有娱乐审美的功能,所以,它才受到群众的喜爱和欢迎,成为人民群众的一种最普遍、最方便,而且是最重要的娱乐方式。农民从事生产劳动之余,在地头田边唱唱山歌,说说笑话,猜猜谜语,摆摆"龙门阵",或者到文化室、集镇文化中心参加各种游艺活动;工人们下班之后,根据各自的兴趣爱好,上文化宫、俱乐部、公园;退休老人去茶社品茗听书,谈古论今,青少年学生乘假日结伴郊游远足,这些都是借文化活动调剂生活、焕发精神的方式。在外国也是一样:西非人民认为跳舞是最好的娱乐,劳累之后的晚上,只要达姆达姆鼓一响,人们便会聚而舞之。夏天,人们干完工作,洗了澡,就成群结队来到空场上,翩翩起舞。缅甸的乡村一到插秧季节,跳舞队伍就自然形成了,一部分人插秧,一部分人跳舞助兴,从早到晚,处处如此。

由此可见,人们在业余时间里参加各种文化活动,首先是为了娱乐审美需要,是要从中得到愉快的享受,以消除疲劳,调剂精神,这是群众文化的本原。群众文化的其他功能,只有在具有娱乐审美功能的前提下才能得到发挥。因此,开展群众文化活动应十分注意发挥其娱乐审美功能。

二、共情功能：拉近距离，情感寄托

群众文化的建设能在区域范围内创造相似的文化思想，大众能够基于地域性、乡土性民族文化产生情感上的共鸣，更好地拉近社会大众之间的心理距离。人本主义创始人罗杰斯便提出了共情这一理念，当个体尝试通过自我表达、自我探索的形式与他人进行深度交流时，他人若能够深入对方的心理世界，便能产生共情效应，从而通过双方的信息交流与反馈来拉近社会个体之间的心理距离。对于新时期的群众文化建设而言，其首要的社会功能便是通过大众所认可的群众文化来拉近社会大众的心理距离，且社会个体与个体之间也能将群众文化作为沟通的桥梁，从而在社会范围中构建关联度较强的社群关系。如此一来，多个社会成员之间产生了心理层面的共情，更能将群众文化视为情感上的心理寄托，拉近个体与个体之间、个体与组织之间以及个体与社会之间的关系。

三、教育功能：内容健康，催人向上

群众文化的宣传教育功能是由群众文化活动的内容决定的。内容健康、催人积极向上的文化活动，能起到鼓舞人、教育人的作用。历史上一切进步文化，都是由于真实地反映了劳动人民对社会的深刻认识和对生活的正确态度，表现了群众进步的世界观、道德观，因而能帮助人民推动社会历史的前进。今天，在社会主义精神文明建设的活动中，群众运用各种形式宣传道德，宣传现实生活中的新人、新事、新风尚，这对培养一代社会主义新人，提高人们的精神境界，改变不良社会风气，效果都是明显的。如今全国各地通过群众文化活动，在青少年中广泛宣传先进事迹，使不少思想颓唐、意志消沉的青少年受到教育，振奋起来，以崭新的面貌投入了新的生活。而一些侵蚀到某些群众文化领域中的腐朽没落低级下流的东西，如黄色录像、淫秽书刊等，则对群众具有极大的毒害作用，甚至把人引向品行败坏、堕落犯罪的邪路上去。因此，我们必须积极提倡和支持那些健康有益的文化活动，摒弃那些腐朽的、消极的、污染精神的东西，以促进社会主义精神文明建设。

群众文化的宣传教育功能与娱乐审美功能应该是有机地统一在一起的，不能截然分开。群众文化既要给人以教益，又要给人以乐趣。如果离开了“乐”，“教”就索然寡味，不能吸引人、感染人，削弱了教育的效果。要发挥群众文化的宣传教育功能,不能依靠论证和说教的办法,而要寓宣传教育于娱乐之中,通过各种文化艺术活动,用鲜明、生动的艺术形象去影响人们的精神世界,使人们的思想、感情、性格、品德自然而然地受到感染和熏陶。如演出包公、海瑞、况钟等清官戏,剧中主人公那种居官清廉,刚直不阿的优良品质以及秉公执法、为民伸冤的正义行为,自然会给观众留下深刻的印象,令人振奋、敬佩。为少年儿童讲述刘胡兰、董存瑞、黄继光、雷锋、焦裕禄、张海迪等人的革命英雄主义、爱国主义、国际主义精神和全心全意为人民服务的崇高品质的故事,能使少年儿童受到革命人生观的教育,从小树立起为人民服务,为共产主义事业而奋斗的崇高理想。群众文化的宣传教育功能,与群众文化的民族化、通俗化、大众化的特点也是不可分的。群众文化活动一般都具有鲜明的民族特色和地方特色,形式生动活泼,内容通俗易懂,为群众喜闻乐见。这些来自民间的文艺样式,群众十分熟悉并运用自如。有些人看戏有瘾,有些人演戏有瘾;有些人唱歌有瘾,有些人听歌有瘾;有些人说书有瘾,有些人听书有瘾……正是这种深深扎根于群众之中的群众文化,较之其他形式具有更加有效的宣传教育功能。正确认识和发挥群众文化的宣传教育功能,必须总结历史经验教训,尊重群众文化自身的特点和规律。

美国学者凯慈·卡恩指出,在社会信息系统中,社会将个体凝聚起来主要依托一定的精神与心理力量,而非生物的力量,如大众的态度、直觉、信念、动机、习惯以及期望等要素都能实现社会个体的心理激励作用。从群众文化的激励功能来看,其主要体现在两个方面:一方面,群众文化能作为一种社会普遍认可的思想与价值理念来进行传播,且社会政府或管理者通过宣传一定的知识与思想更能传递社会正面价值观,从而更好地体现群众文化的宣传教育;另一方面,思想凝聚与激励功能,当社会有组织地进行群众文化宣传活动,大众能够在此环境中接收到相关的信息与内容,并且通过自身选择性理解与记忆来将相应思想观念转化成自身能够理解的内容,而这种思想内化的形式便能激发个体对群众文化的归属感与认同感,基于此更好地实现个体行为层面的激励。

四、传递功能:继承传统,发展出新

毛泽东同志在《新民主主义论》中指出:“中国现时的新文化也是从古

代的旧文化发展而来，因此，我们必须尊重自己的历史，决不能割断历史。”一部群众文化史，就是劳动人民不断创造、不断承袭、不断发展自己文化的历史。对传统文化的内容形式的承递，是群众文化活动的一项重要功能。许多传统性的群众文化活动自产生以后，便以某种相对固定的形式世代相传。虽然经过漫长的历史阶段，依然保持了古老的风貌。如赛龙舟习俗的沿袭，就是文化承递现象的一个例证。赛龙舟的来历，据《隋书·地理志》载，屈原投汨罗江后，“土人追到洞庭不见，湖大船小，莫得济者，乃歌曰：‘何由得渡湖！’因尔鼓棹争归，竞会亭上，习以相传，为竞渡之戏”。古代龙舟竞渡，以唐宋时最盛，流传至今，距屈原死时（公元前278年）已两千多年了，这项活动还保持着古时的风貌。又如各民族的一些传统节日（诸如汉族的“春节”，藏族的“望果节”，维吾尔族的“肉孜节”，彝族的“火把节”，瑶族的“达努节”等）的文化活动，也都记载着各自民族的历史和传统，为各民族人民所喜爱。故它们一旦产生之后，便由各族人民在长期的历史发展过程中代代相传，相沿成习，形成一种文化传统。

群众文化在继承自己传统的基础上，又总是不断地衍生和发展出新的活动方式。特别是新中国成立以后，党和政府高度重视群众文化，为抢救、发掘、搜集、整理民族民间文艺遗产做了大量工作。不少古老的群众艺术不仅获得了新生，而且有所创新，有所发展。如闻名中外的户县、金山农民画，是分别在20世纪50年代和70年代才开始发展起来的。广大农民作者运用民间雕刻、刺绣、剪纸、灶壁画等传统美术形式，并融合一些新的表现手法，赋予新的内容，逐渐形成了自己独特的地方性艺术风格，发展成为群众喜闻乐见的新画种，获得了国内外美术界的高度赞许。户县、金山农民画先后在几十个国家展出，国外还出版了多种版本的画册。

我国许多少数民族的戏剧形式，也都是新中国成立以后各民族群众在继承本民族传统文化的基础上发展起来的。例如彝剧，就是20世纪50年代由云南楚雄彝族自治州县华山的乡村业余剧团在彝族歌舞和梅葛调的基础上发展起来的新剧种。它的代表剧目《半夜鸡叫》，在由戏剧出版社出版后，很快又被介绍到国外。湖南省湘西土家族苗族自治州花垣县麻栗场乡村业余剧团，于1954年以苗族民间故事为题材，运用苗族传统的艺术形式和苗歌声腔，创作演出了第一部苗剧《团结灭妖》，轰动了湘西苗寨，很快就在湘西各苗族自治县流传。后来他们进一步发掘和提炼苗族原有的舞蹈和舞曲，改进本民族的各种乐器，把苗剧改革成苗歌剧《带血的百鸟图》，在参加湖南省民间艺术汇演时获奖。从此，苗歌剧成了湖南省戏剧舞台上的一朵新花。类似这样发展起来的剧种还有白剧、撒尼剧、撒优剧、仫佬剧、布依剧等，这些都是群众文化承递功能的具体体现。

通过群众文化的承递，民族的传统文化得以保留、发展和传播。这一方面繁荣了群众文化本身，另一方面为专业文化提供了丰富的原料和养料，哺育了一代又一代文学家、艺术家。高尔基说过：人民不仅是创造一切物质价值的力量，人民也是精神价值的唯一的永不凋竭的源泉，无论就时间、就美还是就创作天才来说，人民总是第一个哲学家和诗人；他们创造了一切伟大的诗歌，大地上一切悲剧和悲剧中最宏伟的悲剧——世界文化的历史。

五、社会功能：全民参与，公益服务

群众文化的最大特点便是来源于群众，发展依靠群众，这就集中体现了人民群众在群众文化形成与发展中具有的重要作用。从群众文化的社会功能来看，其主要体现在全民的参与性与公益性两方面。一方面，群众能通过自发性的活动来感知群众文化，并且自身也作为群体中的一部分而参与群众文化活动，将自身的思想价值理念贡献在群众文化的建设与发展过程中；另一方面，群众文化中所具有的商业化属性相对较少，其更多是作为一种思想意识形态活跃于社会空间中，且对于群众性活动而言，相关组织者与管理者筹办多元化的群众文化活动也更多是基于公益性、宣传性的视角来推进的，这就使得群众文化活动主要呈现为——一种社会服务，通过服务的提供来实现群众文化社会化渗透。①

六、生活功能：传播文化，美化生活

群众文化之所以成为人民群众社会生活不可缺少的一部分，除了因为它能够满足人们精神生活需要之外，还因为它具有一定的生活实用性。这种作用突出表现在以下三个方面：

一是美化人民生活的作用。群众文化作为人民群众的一种美的创造，自然具有美的实用价值。如湖南省的通道侗族自治县，妇女们个个都会织

①吴煜．群众文化之高雅艺术走进大众的社会功能和文化价值分析[J]．中国民族博览，2022(13)：122-124.

侗锦。至今还有这样的民俗，侗锦不但是姑娘们表达爱情的信物，而且用作她们结婚的嫁妆。在日常生活中，小孩穿戴的衣服、帽子、口水兜、背带，背篓上扎的花带，姑娘们的头帕、腰带，床上用的枕巾、被面、垫单，无一不是侗锦。各种色彩鲜艳、图案精巧的侗锦，美化了侗族人民的生活，表现了他们的理想和审美观。在那里，哪个家庭的吊脚楼内如果没有侗锦装饰，就似乎失去了生活的光彩，令人觉得若有所失。又如平常人们在自己的房前屋后种花草果木，在阳台上，房间里摆设各种花卉盆景，令人赏心悦目，起到美化家庭环境的作用。千百年来，人民群众在自己的生产劳动和文化活动中，创造了美不胜收的艺术作品，如造型各异的亭台楼榭、石桥木廊、祠堂殿宇、民房私宅，巧夺天工的石雕泥塑，生动活泼的彩绘陶瓷，精巧秀美的挑花刺绣，绚丽多彩的服装首饰，千变万化的民间剪纸等，在美化人民生活方面都起了重要作用。

二是传播科学文化知识的作用。群众文化在内容上具有综合性的特点，包含了不少社会科学和自然科学的知识。在活动对象方面，它又具有广泛的群众性，男女老幼，从文盲到高级知识分子，都可以在这里发挥自己的聪明才智，也都可以从中得到教益。在剥削阶级占统治地位的各个时代，由于经济、政治等各方面条件的限制，使群众文化活动成为劳动人民传播和学习各种知识的主要途径之一。山坡上，田野里，火塘边，到处都是传授文化知识和生产技能的课堂。许多包含着各种知识的寓言、故事、民歌、谚语、歌谣等，由劳动人民创造出来，一代一代口头流传下去。诸如各地的《盘歌》《猜哑谜》《打地名》《对花》《十二月采花》《数蛤蟆》等，就是劳动人民在文化活动中，用对歌方式传授各种文化和生产、生活知识的教材。又如劳动人民在实践中创造的丰富多采的谚语，都以精练的语言、生动的比喻，记述了自己认识和掌握的某些自然现象和社会现象的活动规律。如“深栽茄子浅栽蒜”，介绍蔬菜的栽培方法；“一棵果树三分田，百棵果树十亩园”，形象地说明了果树的经济价值；“牛要满饱，马要夜草”，介绍了牛马的饲养方法。还有许多儿歌、谜语、游戏等，则可以说是专为孩子们创造的“教科书”。在人民群众为振兴中华、实现四化而勤奋劳动的今天，群众文化可以更为有力地在普及和传播科学文化知识方面发挥作用。现实生活中不乏这样的事例：许多没有机会进大学深造的青年自学成才；不少科技人员通过群众文化单位提供资料，及时解决了生产中的难题，获得了经济上、科研上的成果；不少乡村文化站、俱乐部通过科技讲座，放映科教电影、幻灯，推荐科普读物，编写科技墙报等方法，普及科学种田知识，宣传卫生知识，对农业的发展做了有益的贡献。正如一些群众所说：丰富多采的群众文化活动，是人们的“自学之师”“知识之库”“科学之家”，是综合性的“社会大学”。这些赞美之词，形象地说明了群众文化对普及科学文化知识能够起到的重大作用。①

三是健身延寿作用。《慎言·君子篇》说“声音养耳，彩色养目，舞蹈养血脉”，对文化活动的健身作用做出了评价。许多群众性的体育和竞技活动，如长跑、游泳、拔河、打太极拳、做保健操等，主要以锻炼身体为目的。一些群众性的武术、舞蹈活动，以及部分传统的民族民间艺术活动，也都具有健身的功能。例如舞蹈，传说远古时期，由于河道淤塞，洪水泛滥，天气阴晦多雨，人们心情抑郁，血脉不畅，均患肿腿之疾，影响劳动生产。于是有人创造发明了舞蹈，大家跳舞以活动筋骨，疏通血脉，达到健身舒心的目的。时至今日，一些群众性的舞蹈活动，像集体舞、交谊舞，苗族的猴儿鼓舞，土家族的摆手舞，侗族的芦笙舞等等，这种健身舒心的作用依然存在。

俗话说“笑一笑，十年少；愁一愁，白了头”，这话包含着一定的科学道理。与医学上的“精神疗法”同出一辙。丰富多彩的群众文化活动，能为人解除愁闷，带来愉快和欢乐。从这个意义上说，一切健康有益的群众文化活动，都有助于怡养性情，增强体魄，从而起到健身延寿的作用。

群众文化的娱乐审美功能、宣传教育功能、文化承递功能、生活实用功能，往往是综合在一起来完成的，它们相互依存，很难截然分割开来。古罗马诗人贺拉斯说：“诗人的愿望应该是给人益处和乐趣，他写的东西应该给人以快感，同时对生活有帮助。”“寓教于乐，既劝喻读者，又使他喜爱，才能符合众望。”给人以乐趣、快感，就是具有娱乐审美的功能，给人益处、对生活有帮助，就是承递文化和社会实用功能的体现；劝喻读者则是一种宣传教育。这说明四个方面的功能水乳交融地统在诗歌之中。群众文化活动的各种形式也是这样，往往是借助于群众的审美过程，通过形象、生动、通俗的文化艺术娱乐形式，使人获得娱乐，增长知识，发展智力，同时在思想上受到潜移默化的熏陶和教育。比如群众看戏，随着剧中人物

①郭子若．科普场馆助力科学文化传播的若干方法[J]．学会，2019(11)：52-56.

活动，使观众如身临其境，人物的命运遭遇使人受到强烈的感染，产生感情上的共鸣；在戏剧中运用文学、音乐、舞蹈、美术等艺术手段，给人以美的享受，使人愉悦，获得休息；戏剧所反映的一定时代的政治、经济图景和社会风尚等，给人以具体真切的感受，增进人们对社会的理解，提高人们观察生活、认识生活的能力，也可以从中学习劳动、工作、生活的知识和技能。当然我们说群众文化具有多种功能，并不是说每一项群众文化活动都具有多种功能，因为在某些具体活动中，娱乐审美、宣传教育、文化承递，生活实用这几项功能并不是等量地存在着的，而是各有所侧重。某些活动主要是为了娱乐休息，让大家轻松愉快地笑一笑、乐一乐，某些活动侧重于宣传教育，着力宣扬某一种思想、某一种政治主张。我们不能对每项群众文化活动都提出多功能的要求，或者只注重一种功能，而忽视其他功能。我们要全面看待和充分发挥群众文化的社会功能。

第四节 群众文化建设的社会价值

一、促进主导文化传播，助力精英文化建设

群众文化的掌握者是广大人民群众，而群众文化的形成和大范围的普及有效满足了文明发展的需求，同时也提高了大众的整体文化素养。如今我国的主导文化是社会主义核心价值观，而在时代发展和社会进步的背景下，传播主导文化应该改变过去枯燥严肃的模式，有效依托群众文化实现对主导文化的宣传推广。群众文化有着极强的影响力与感染力，于是能够通过对群众文化优势作用的利用让社会主义核心价值观在群众当中进行广泛的传播，既起到引导群众文化的作用，又能够加深广大群众的思想认识和文化品位。多元化的群众文化能够让公众拥有一个自由互动沟通的平台，使得群众能够加深对主导文化知识的认识，拓宽他们的眼界，从整体上提高国民素养。总而言之，正是因为群众文化的推动才能在传播主导文化时更加的有效，才能让社会主义核心价值观深入人心，并逐步转化成为人们的思想与行动。另外也要注意的一个问题是，精英文化同样也是文化建设不可缺少的一部分，虽然主导文化面向的是人民群众，而文化建设

水平的提升需要依靠时代精英,于是精英文化建设也是至关重要的。而精英文化需依托群众文化来实现普及,所以进一步说明了发展群众文化的关键作用。

二、释放群众生活压力,团结广大人民群众

在时代变迁和社会发展进步的过程中,人们的生活节奏不断加快,面临的生活压力也在逐步增大。如果长期处于高压状态,很容易让人们出现精神崩溃的情况,进而影响到社会的和谐发展。在如今这样的生活状态下,人们渴望拥有参与社会娱乐与交互活动的机会,以便释放压力和消解负面情绪。而在如今人们的实际生活当中,文化生活的基础是群众文化,而群众文化也拥有着最为根本的社会功能,那就是娱乐身心以及交际互动。群众文化并没有过高的门槛,所以从事不同工作和处在社会不同阶层的人都可以参与其中,又让他们在参与群众文化活动的过程中,丰富了个人的精神文化生活,也消解了内心的消极情绪,和释放了生活重压。另外,现如今在现代科技发展的推动和影响之下,人们会更多地依赖网络平台进行交流,而人与人之间面对面的互动则逐步减少,也逐步淡漠了人们的思想,甚至是加快了人的分化速度。而群众文化则具有群体性的特征,可以将拥有共同兴趣爱好的人凝聚在一起,并且老少咸宜,因而能够将广大群众凝聚和团结起来,强化社会团结力量,为社会稳定发展提供保障。[①]

三、促进文化产业繁荣,塑造良好文化名片

在社会经济建设的进程中,文化产业已经成为推动社会经济发展不可或缺的力量,同时还是提高国家经济竞争力不可或缺的部分。文化产业的生产运营,与群众文化消费趋势有着密切的关系,积极先进的群众文化能够从根本上提高大众的文化素质,刺激文化消费,进而为文化产业的繁荣发展提供动力。而且要想提升社会文化建设水平,只是发展高雅文化是不能够达到目的的,必须要发挥群众文化在贴近人们实际生活和广受群众青睐的优势,让群众文化成为不可或缺的文化力量,这样才能够让文化产业拥有更大的发展空间。因此,要积极开展形式多样和内容丰富的群众文化活动,使得文化产业拥有更大的发展机遇,实现文化产业的繁荣与进步。

①李桐森. 探讨群众文化活动的时代价值及管理创新[J]. 参花(上),2015,(05):138-139+141.

除此以外，如今国家以及各个城市都特别关注塑造文化形象，而这一文化形象也成为国家与城市的文化名片。群众文化在塑造文化名片方面发挥了至关重要的作用，尤其是通过群众文化与现代文化的整合，可以创造出更加优质丰富的文化，让文化成为引领地区建设的巨大动力，增强文化名片的影响力。

群众文化在人民群众当中有着极大的影响力，具有通俗易懂和广受青睐的优势特征，通过对群众文化的建设和发展，能够有效增强群众文化社会价值，为和谐社会建设和国家的长远发展创造良好条件。我们需要切实认识到群众文化的社会影响力，加强对群众文化的建设和宣传力度，以便促进主导文化传播，释放群众生活压力和推动国家文化产业的繁荣发展。

四、利于普及群众价值理念，构建良性群体组织

建设群众文化，能够将新时期形成的群众文化核心思想、观点等内容进行社会化传播，扩大群众文化社会覆盖范围，提升大众对群众文化的知晓度。美国文化人类学家本尼迪克特在《文化模式》一书中指出，每一种文化都存在着它的价值系统，个体在这个文化模式中生存与发展都会不自觉地接受这种文化观点与系统的影响，且不同的社会环境也会铸造不同类型的文化系统间。可以说，群众文化的建设有利于普及群众价值观点，并通过价值观念的普及而构建当地特定的文化模式，在此基础上构建区域性的文化价值体系，建设当地良性和谐发展的群体组织，为群众文化的传播提供发展平台。

群众文化建设最为突出的表现形式便是建设了一个相对完整的群体性组织，这种组织文化传播活动主要是内部个体与个体之间、团体与团体之间、部门与部门之间、组织与其成员之间进行交流的，这种信息传播活动能够基于组织内部方针、政策等方面来开展相应的群众文化建设工作，而这些目标、宗旨等内容便能通过大众心理层面的共识来进行传播。在这种传播与互动过程中，大众能够基于心理情感、行为行动层面形成组织归属感与认同感，更好地在此社会空间中将自身视为组织中重要的组成部分。对于群众文化建设与发展而言，大众心理层面的共识更能为后期的社会性群众工作奠定基础。

五、利于美育价值发挥作用，永葆青春创造活力

与传统的群众审美文化相比，美育在群众文化建设中起着突出的作用，它更有感染性。如果不重视大众文化在社区中的美育功能，很可能导致文化传播与推广中失去主动性和主导性，因此，对美育价值的分析和解读是一个契机，因为大众文化的大发展，可以为美育的传播提供更多的途径和手段，使美育能够不受空间距离的影响发挥育人的作用。同时，大众精神文化在美育中的感染，也使群众更加积极地参与到群众文化活动中。

大众文化活动没有审美教育可能是无序的，是缺少审美、教育意义和道德价值的。这样的群众文化活动只能让群众反感。而美育融入大众文化，可以使大众文化的层次和水平更高，有效地释放和引导大众文化的生产力。改革开放以来，中国的大众文化创作和生产取得了长足的进步，美育的价值得到了极大的提高。要进一步释放大众文化的创造力，真正创造出人民群众喜闻乐见的大众文化，需要以美育为导向，让美育与大众文化相融合，让文化更加日常化、全面化、贴近化。

第五节　群众文化社会化的重要力量

群众文化事业是公共文化服务体系的骨干力量，群众文化的社会化是群众文化事业发展的总趋势。

在群众文化社会化的发展进程中，社会力量以各种方式参与到群众文化事业的建设中来，改变了群众文化过度依靠政府的单一化发展格局，弥补了群众文化事业发展中专业力量不足的问题，也为志愿者奉献社会搭设了平台，更好地满足了群众的文化需求。

在众多的社会力量和社会参与方式中，文化志愿者是值得关注的重要力量。作为义工的重要群体，以学生为代表的“青年一族”一直是艺术组织源源不断的人力资源宝库，“灰发一族”，尤其是退休的专业群体具有特殊的价值。美国博物馆没有报酬的义工人数比全美博物馆员工的人数还多，售票、咨询、讲解工作都由他们来担任。但是，建立志愿者队伍的目的是倡导并实践奉献、利他、服务社会的精神，不是节省人力资源投入的

措施。

义工的专业训练通常要由代表社会公共利益的官方机构承担，只需艺术组织根据自己的需求向这些机构申请项目培训，就可免费获得来自政府对义工培训的支持。此外，还要对义工实施活动进行中的指导与监控和活动结束后的管理。文化志愿者资源的可持续性发展和服务质量的提升对群众文化事业机构具有一定的借鉴意义，尤其是随着新型运营机制的建立，文化馆体系等公共文化机构对现有部门进行精简重组，文化志愿者将成为一支重要的社会力量。文化志愿服务成为新时期公益性文化事业单位开展公共文化服务的新形式新途径。

一、文化志愿者与文化工作者的旗帜：公益文化

志愿者是指不为物质报酬，基于良知、信念和责任，自愿为社会和他人提供服务和帮助的人。《志愿服务条例》所称志愿者，是指以自己的时间、知识、技能、体力等从事志愿服务的自然人。志愿服务组织，是指依法成立，以开展志愿服务为宗旨的非营利性组织。国际上，志愿服务具有悠久历史。志愿者及其志愿者活动最早起源于19世纪西方国家宗教性的善服务，在世界上已经存在和发展了100多年，本质是服务社会，核心精神是：自愿、利他、不计报酬。志愿者及其志愿者活动20世纪90年代传入中国，随着中国经济体制由传统计划经济向社会主义市场经济体制转轨，政府职能从“全能型”转到“服务型”，志愿服务活动开始在许多城市兴起，并迅速向全国范围推广。我国内地的第一个义工团体是深圳市义工联合会，它成立于1990年6月。1990年深圳建立“青少年义务工作联合会”，1993年北京大学学生自发组织“爱心社”，同年底团中央决定实施中国青年志愿者行动，1994年12月5日团中央成立了中国青年志愿者协会，这标志着中国青年志愿者活动逐步走上了正规化、组织化、规范化的轨道。北京、上海、青岛等很多城市也从20世纪90年代相继建立了青年志愿者协会等组织。北京市志愿者联合会(原北京志愿者协会)成立于1993年，是共青团北京市委员会发起，经北京市民政局核准登记，由热心志愿服务事业的社会各界人士自愿结成的全市性社会组织，负责规划、指导、组织、协调北京志愿服务行动。2014年2月19日，中央文明委印发《关于推进志愿服务制度化的意见》。意见强调，开展志愿服务，是创新社会治理的有效途径，是加强

新形势下精神文明建设的有力抓手。推进志愿服务制度化,对于推动志愿服务持续健康发展、促进学雷锋活动常态化,对于培育和践行社会主义核心价值观、在全社会形成向上向善的力量,具有十分重要的意义。国务院发布的《志愿服务条例》自2017年12月1日起施行。该条例是为了保障志愿者、志愿服务对象的合法权益,鼓励和规范志愿服务,发展志愿服务事业,培育和践行社会主义核心价值观,促进社会文明进步而制定的。包括总则、志愿者和志愿服务组织、志愿服务活动、促进措施、法律责任、附则。

志愿工作具有志愿性、无偿性、公益性、组织性四大特征。在欧美等许多国家和地区,志愿者也称义工,工作内容有专业技能和知识的顾问性工作、传统的办公室事务性工作、票务销售及相关市场开发工作、活动场地的服务性工作、与文化艺术活动相关的教育性工作以及特殊的机动性工作。在我国,学雷锋志愿服务已成为光荣传统,具有广泛的群众基础。①

2012年9月12日,文化部、中央文明办印发《关于广泛开展基层文化志愿服务活动的意见》,提出了开展基层文化志愿服务活动的重要意义、指导思想和基本原则以及活动方式、领导体制和运行机制的意见。2016年7月14日文化部公布《文化志愿服务管理办法》,发挥文化志愿服务在构建现代公共文化服务体系中的积极作用,鼓励和引导文化志愿服务活动广泛深入开展,推动文化志愿服务常态化、规范化、制度化。该办法所称文化志愿者,是指利用自己的时间、知识、技能等,自愿、无偿为社会或他人提供公益文化服务的个人。文化志愿服务组织单位,是指组织开展文化志愿服务的文化行政部门、文化单位。文化志愿服务组织,是指以开展文化志愿服务为宗旨的非营利性社会组织。在文化资源"人、财、物"三要素中,文化志愿者属于"人"的范畴,是公共文化服务人才队伍建设的一个方面。文化志愿者,是指自觉为社会公益文化付出时间、劳力和智慧的人士。

文化志愿者从参与群体属性上分为个人型和团体型。从专业技能和人员结构上大致分为四类:一类是专家型志愿者,如文化艺术界名人、学者等,为公共文化提供高档次的指导;一类是专业型志愿者,如专业文艺院团的文艺工作者、群众文化机构的社会文化指导员,指导、参与公共文

①李军,徐志先.群众文化需求层次与国家公益文化事业建设对策[J].环渤海经济瞭望,2013(09):27-30.

化活动;一类是拥有文化艺术特长的特长型志愿者,如业余文艺团队骨干等,是公共文化活动的重要力量;一类是热爱文化艺术,愿意为文化艺术事业奉献智力、财力、精力的支持型志愿者,为公共文化提供力所能及的支持和帮助。

从专业角度来看,文化志愿者涵盖的专业类别比群众文化专业更加广泛;从人员属性来看,群众文化工作者和文艺骨干可以提出申请成为文化志愿者。文化志愿者主要是针对公共文化服务领域而言,专业类别较多,如文艺专业、图书馆专业、博物馆展览馆专业、美术馆专业等,而群众文化专业人员主要以文艺专业为主。在群众文化工作中,公益性文化事业机构内的专业人员以社会文化指导员的身份进行群众文化的组织、辅导和研究工作,是群众文化的主要力量,文化志愿者中文艺专业或有文艺特长的志愿者提供的群众文化志愿服务是为了满足群众多元化、多层次的文化需求。

在多年的各类群众文化活动实践中,文化志愿者发挥着重要作用。无论是大型的广场文化活动,还是小型的社区文化活动,以及众多的文艺社团活动,常年活跃着一大批文化志愿者。他们有的是专业院团的在职或退休的专业文艺工作者,有的是有文艺特长的文艺骨干。由于文化志愿者组织建设上的滞后,很多人是以文化人才的名义纳入社区管理,没有被命名为文化志愿者,但多年来从事的是文化志愿者性质的工作。[①]

可以说,文化志愿者和群众文化工作者共同擎起的是公益文化的大旗。

二、服务社会:全社会共享文化发展成果

社会发展到一定水平以后,人们往往会想到服务他人、奉献社会。践行志愿服务精神,实现人的全面发展,这是人类社会发展的必然结果。在社会主义前进道路上,志愿服务精神就是追求和谐、友爱、高尚、奉献、利他的人类文明境界,也是新的历史条件下,改变和防止精神失范、信仰缺失的重要精神实践方式。文化志愿者以社会主义核心价值观为引领,牢固树立社会主义荣辱观,积极投身到志愿服务行动中,大力弘扬社会新风,有助于在全社会形成“人人为我、我为人人”“人人都是志愿者”“助人为

①李玉红. 文化志愿者协会如何参与加强与创新社会文化管理[J]. 行政科学论坛,2020(08):48-51.

乐”的浓厚氛围，提高市民综合素质和城市文明程度。志愿服务是社会管理的多赢之举：志愿者能建立对社会的体认，收获帮助他人的快乐；服务对象能得到切实的方便、心灵的慰藉；社会志愿精神、公民意识能获得培养。随着多层次、多领域、开放式、特色化的志愿服务格局的形成，公共文化服务体系形成了服务方式不断创新，服务渠道不断拓展，全社会共享文化发展成果的局面。

公益性文化事业是需要全社会普遍参与的，这也是群众文化社会化理念的理论基础。群众文化的社会化——一方面是指面向每个社会成员整体性、全民化地享受文化发展成果，另一方面是指充分调动社会各方面力量参与群众文化事业的建设与发展。随着国家文化软实力的增强和群众文化生活质量的提高，公益性文化事业将会飞速发展，由于群众文化事业机构的功能定位是保障群众的基本文化权益，单一地依靠群众文化专业力量不可能全面地满足群众日益增长的文化需求，亟需调动各方力量，而文化志愿者就是为公益性文化事业提供力量，满足群众文化服务的多样化需求。

群众文化的多样化和多元化，也需要文化志愿者提供多层次、特色化的文化服务项目。尤其是社区文化建设中，各种群众文艺社团组织如雨后春笋，在社区文化活动中发挥着重要作用。这些社区文化中坚力量组成的社区文化志愿者队伍，是繁荣社区文化的生力军。

第三章 群众文化建设的形态

第一节 城市群众文化

一、城市群众文化的含义及其形成

（一）城市群众文化的含义

城市群众文化是指在城市地域内形成的以适应异质性非农业人口多层次文化生活资料消费需要的一种社会性文化。群众文化的历史告诉人们，代表新兴生产力的群众文化的优秀成果，大多在城市得以产生、保存和传递。从这个意义上讲，城市群众文化的形成，显然离不开城市的兴起和发展。[①]

城市是人口集中、工商业发达、居民以非农业人口为主的地域，通常是周围地域的政治、经济、文化中心。人口密集，交通方便，经济繁荣，文化发达，是城市的基本特征。

（二）城市群众文化的形成

从世界范围来看，城市的兴起和发展迄今大致经历了三个阶段。

1.前工业革命阶段

公元前7000年左右，在近东地区发生的农业革命为城市的出现提供了基本前提——剩余食品和有组织的群体活动方式。到公元前4500年左右，第一批城市型地域出现在幼发拉底和底格里斯两河流域。稍后在尼罗河谷、印度河谷和中国的黄河至渭河谷地等农业发达地区出现了城市。早期城市的主要功能是防御外敌，提供宗教活动、礼仪庆典的场所，同时作为社会的贸易、文化和行政管理中心。随着手工业和商业的发展，一批专业化功能较强的城市得到发展。

---

①杨锦峰．文化现实与文化方略 城市文化建设调研规划[M]．大连：大连出版社，2019.

2.工业革命阶段

18世纪中叶，始于英国的工业革命结束了城市中工场手工业的生产形式，代之以机器大工业的生产形式，使经济活动的社会化、专业化得到迅速发展。在聚集效应的作用下，城市得到迅速发展。工业活动的集中造就了新的城市，或扩大了原有的城市。工业活动不断提出的要求，使城市的基础设施和服务系统变得更为完善，而完善的城市生活、生产条件则吸引着更多的工业活动和人口向城市集中。

3.后工业革命阶段

进入20世纪以来，随着科学技术和生产力的迅速发展，世界城市化进程加快。20世纪50年代以后，资本主义国家经过战后恢复，经济上出现了一个迅速发展时期，原来的殖民地或半殖民地国家也纷纷在政治上获得独立，经济上不断取得新的进步，这一切都有力地推动了城市的发展。例如，世界上100万人口以上的大城市在1950—1970年的20年间由71个增加到157个，1980年达到234个。随着现代工业向城市集中和现代科技的发展，整个社会的生产、流通、交换的容量和活动频率提高。因此，现代城市需要具备高效率、多功能和动态化的特点，才能适应社会的需要。在这种要求下，城市的交通工具和各类服务设施不断向高速、低耗、机动和大容量的方向发展。城市职能日趋多样化，生产专业化的进一步发展，使城市中各种专业性行业得到很大发展。城市地域异质性的增强对地域整合提出了新的要求。在发达国家的大城市中，新的整合组织，如行业协会、工会、俱乐部、地域性文化服务组织等大量涌现，为城市的发展提供了新的动力。

由此看来，在城市这个有机联系的整体中，人类文化的内容得以飞速繁荣。于是，与此相适应的城市群众文化也逐渐成为联系不同职业阶层的城市居民精神生活的纽带，同时将每个触角渗透于个人生活的各个方面。

1984年以来，由于设市标准进行了调整，中国小城市的数量增长很快，使大陆的城市体系得到了一定程度的改善。随着经济体制改革的深入进行，中国城市建设和城市改造工作进展迅速。这一切，都标志着中国城市质量的提高。中国城市按城市在国家行政管理体系中所处的不同地位进行划分，可分为直辖市、计划单列市、地级市和县级市四类。其中，县级市又分为省辖县级市和州。

二、中国城市群众文化的基本特征

城市每时每刻都在孕育着人类的文化成果，而人类的文化成果又大大加快了城市社会的发展。因此，城市群众文化对城市新的政治体制、制度规范、价值观念、文化行为，以及科学技术的产生与发展有着重大的影响，其结果是使城市群众文化表现出整合性、开放性、层次性的基本特征。

（一）整合性

整合性从中国城市群众文化的社区特点和服务对象来看，其主要成分是干部、职员、工人、教师、学生、工商业经营者、外地流动人员。这些人群，有着不同的职业、兴趣、爱好，这就要求城市群众文化必须凭借占主体地位的自我意识，以不同于一般物质客体的存在方式而存在，突出对完善新的经济体制和经济秩序的必要的整体作用，而不能仅停留在单一的服务和被动适应的意义上，即在内容上必须具备丰富多彩的个性特点，它包括娱乐的、知识的、审美的等趋向一体化。同时，借助具有鲜明时代特色的文化艺术和其他娱乐性活动，使城市群众尽可能根据自己的意愿选择必需的文化生活资料进行消费。这样，城市群众文化就可以有目的地引导城市群众的文化消费行为，朝着群众文化运动规律的既定方向发展。而对于城市群众来说，恰恰通过必要的群众文化生活资料的消费，享受健康愉悦的文化生活，以满足自身多方面的文化需要。由于城市群众文化包含了更多的知识性内容，因此在提高城市社会成员的科学文化水平，增长知识才干，陶冶道德情操，以及对自己所处的社区责任感等方面，将会起到良好的作用。这就是城市群众文化与其服务对象之间的因果关系在促进城市社会发展中的不可逆的整合意义。换言之，城市群众文化力图利用主体意识中蕴含的聚结意识，通过多样性的文化传播手段，把人的社会生活与客观时空的变换协调起来，以增强人们的城市化意识。

（二）开放性

开放性，对于这个特征，我们可以从两个方面来理解。一方面，城市在群众文化基础设施的硬件建设和软件建设上，具有较完整的能使群众文化各种机制处于良性循环的自我协调能力，并配备系统化的群众文化组织网络。这些组织网络包括文化系统的群众艺术馆、文化馆、街道文化站和居民委员会的文化室；工会系统的工人文化宫和俱乐部；共青团系统的青年宫和少年宫;教育系统的教工之家和青少年之家以及校园文化沙龙;军营的军人礼堂和俱乐部、文工团等组织。这些互相交叉、互相联系的组织网络作为城市群众文化的物质载体,具有上规模、上等级、上水平的质量保证。它既要充分汲取城市整体文化成果中很有特色的内容作为树立自己形象的铺垫,又要自觉地变换活动方式使自身在城市社会成员中产生较大幅度的扩散力和较强的吸引力。再一方面,城市拥有较好、较先进的结构合理的物质基础。它有四种表现:第一是城市具有充足的人力、物力和财力的经济能力。第二是城市有较先进的生产力优势,即使是从历史上传承下来的生产力诸因素,经过改造后,也比农业生产力显得更具优势;这些先进的生产力优势涉及劳动资料方面的有生产工具、土地使用、运输手段,劳动对象方面有自然资源、原材料;劳动者方面有人力资源、身体素质、文化知识水平、操作熟练程度、生产经营经验、整体管理效果,以及同上述诸方面联系紧密的科学技术水平等。第三是城市具有较高的经济效益,即生产经营活动中所占用和所耗费的劳动时间尽可能小于同时取得的劳动成果。第四是城市具有一整套适应自我生存的经济能力和市场要素,即社会生产与社会消费尽量达到正比。这种比较扎实的城市物质基础,表明了现代城市生产力全部内容在发展中的开放性特点。这样,城市群众文化在形式的适用性上,必然会产生与城市物质文明的飞跃同步发展的开放性效果。特别是现代城市生产力的发展,将会在继续更新城市群众文化的形式、内容和活动中发挥巨大的作用,并且,事实将昭示人们:未来的城市群众文化将在更广阔的领域中展开,而历来受人欢迎的能够体现健康的新、奇、乐的群众文化活动方式,将会随着人们需求量的增加而扶摇直上。

(三)层次性

受现代城市以社会化大生产和市场经济作为社会发展背景影响的群众文化活动的影响,人与人之间展开的先进科技和文化教育的创造、运用、传播、较量的活动,其触及的范畴和含义也更为深远。由于城市社会成员的异质性程度高,因此城市群众文化在活动过程中,显然要针对不同的职业和知识层次展开有效的活动。这种有效的活动是多侧面的,但其中根本的一条是适应作为城市群众文化活动主体的不同层次的城市社会成员的多方面需要。这样,才有利于城市群众文化向新的领域拓展,使人们对文化活动主体的把握更加准确。

三、城市群众文化的特殊作用

城市群众文化应是城市向现代化标准建设发展的反映，即高效能的基础设施、高水平的管理工作、高质量的生态环境、高度社会化的分工协作、高尚的文化艺术气氛。因此，城市群众文化的特殊作用也从以下两个方面表现出来。

（一）促进城市的文明建设，提高城市作为文化中心的地位

城市群众文化在具体的社会实践中往往需要相应的社会力量作为它的支柱，比较明确地把增强城市社会力量的实力作为繁衍本体的一种生态环境。为了实现这个目标，城市群众文化就要主动地致力于城市的整体文明程度的建设。它往往以物化了的生产力因素的身份，积极从事城市社会的生产力变革和生产关系变革活动，并且又以意识形态领域中的一员，直接或间接地将进步的世界观输送给城市群众，使城市群众理解群众文化在加速人类文明进程中的深刻意义。

（二）满足城市居民的文化需要，提高城市社会成员的文化素质

城市群众文化在活动范围上较多地接触城市群众，所以它在内容的布置上往往显露出超过乡村或乡镇的文化生活需要的量。它除了在本质特征和运动规律上进一步强化自己的属性外，还将城市群众的整体文化需要主动储存到自身的调控机制中。这样，当城市群众文化进入流动状态时，既要折射出普遍的浅显的适应一般城市居民欣赏水平的文化艺术活动，又要发挥其特殊的深刻的精神活动能力，促使城市居民新的文化生活方式的形成。由此引发出城市群众既要努力继承优秀传统的文化成果，又要努力创造出现代的文化成果。这样，城市群众文化显而易见的引导和示范的职能，在循环往复的活动中转换成功力机制，促使城市群众的物质生活条件的改善和整体文化素质的提高不产生偏离，直至达到为优化城市生产力服务的目的。

四、城市群众文化建设的阵地

伴随着我国城市化进程的快速推进，城市社区作为社会的基本单元，在城市群众文化建设中的重要地位和重要作用日渐突显。城市社区的建设推动着城市群众文化建设，是城市群众文化建设的重要阵地，提升城市社区建设的质量对促进城市群众文化的建设推广有着重大意义。

(一)城市社区群众文化的概念特征

1.城市社区群众文化概念

群众文化是以人民群众为主体,以文学艺术为主要内容,以满足群众精神文化需求为目的,由人民群众在业余时间自我参与、娱乐、开发形成的文化现象。它包含了城市群众文化、社区群众文化、农村群众文化、集镇群众文化和村落群众文化等多种文化形态。其中,“城市社区群众文化是指在一个城市社区内以所有居民共同的文化认同为基础,以满足社区居民文化生活需求为目的、以文化艺术为主要内容的社会性文化,是社区文化的重要组成部分”。

2.城市社区群众文化特征

城市社区群众文化具有群众性、自发性、娱乐性、地域性、层次性、便利性等特征。城市社区群众文化归根结底是群众文化,具有群众文化自身的群众性、自发性、娱乐性的特征。城市社区群众文化,主体是社区全体居民,是社区居民在空暇时间自发组织、自愿参与到文学、音乐、舞蹈、美术等群众最喜闻乐见的文学艺术活动中来,在自我选择的基础上获得自我娱乐和自我完善,并逐渐形成共同的文化生活心态、方式以及审美理想和追求。

城市社区群众文化区别农村、集镇、村落群众文化的基本点在于行政区域的划分与文化特点表现的差异。城市社区是指特定的城市区域内,由从事各种非农业劳动的居民组成的社会单元。这一定义使城市社区群众文化有了鲜明的地域特征。同时,城市的公共文化服务体系相对健全,文化传播方式和文化生活选择较为多样,城市居民从业又相对广泛,受其文化程度、职业特点、文化习俗等影响产生的文学需求本身又呈现出了多元化的特点,这些元素交错使城市社区群众文化有了多层次的特征。

(二)城市社区群众文化的发展趋势

1.社区群众文化主体积极性高涨

随着社会主义经济的快速发展以及社区作用的充分彰显,人们有了更多的闲暇时间来追求精神文化生活,更多的人趋向把社区作为满足文化需求的场所。社区居民纷纷涌入到社区文化建设之中,很多居民还自发组织参与社区文化活动,使社区群众文化活动呈现出良好氛围,推动社区群众文化建设上了一个新台阶。

2.社区群众文化组织引导性凸显

条件成熟的社区一般都有宣传文化部门具体承担社区群众文化建设任务,并配备了社区文化专业干部,拥有一批社区文化人才和社区文化志愿者队伍。充分发挥他们在社区群众文化工作、群众文化活动中的作用,组织引导社区群众文化朝着健康有序的方向发展,吸引广大社区居民加入到群众文化活动中来,帮助社区居民享受基本的文化权益。

3.社区群众文化基础设施不断完善

近些年来,我国加大了社区文化基础设施的建设力度,在城市社区内新建了一大批文化场所和设施,包括成立社区文化中心、建立社区文化书屋,添置文化活动相关的设备、器材等,使得社区文化基础设施不断完善,社区居民的文化参与感和体验感逐渐增强。值得一提的是,一些社区还充分考虑到特殊人群的需要,专门为残疾人、老年人等特殊人群创建了特殊群体文化活动室,满足社区居民不同文化需求的能力显著提升。

4.社区群众文化供给形式日益丰富

一些城市社区已探索形成具有一定特点的社区群众文化品牌,并通过积极开展对外交流,充分利用社会资源开展具有本社区特色的演讲、朗诵、小品、歌舞等文化活动。同时,随着文化惠民活动的深入开展,宣传文化单位经常会组织文艺工作者“送文化进社区”,涵盖了送文学、书法、美术、音乐、舞蹈、戏剧、曲艺、摄影、杂技、民间文艺等多种文艺类别,有效弥补社区文化资源不足,为社区群众普及各类文艺知识,提高了社区群众的审美鉴赏能力和艺术欣赏水平。

五、城市群众文化建设策略

(一)建立健全工作机制,加强对城市社区群众文化建设的组织引导

建立健全社区群众文化领导和工作机制,是推进社区群众文化建设健康发展的重要保障。为此,可以从以下几方面加强保障。一是组织保障。依照国家文化工作政策、法规,设立群众文化机构,配备群众文化专业工作人员,负责组织社区群众、协调文化资源,指导社区群众文化活动开展,承担城市社区群众文化建设的重要任务,加强对社区群众文化建设的领导。二是制度保障。根据国家文化工作大政方针,结合社区实际空间、经

济、文化环境以及这一社区群众的重点文化需求，制定社区群众文化发展规划、日常管理、学习研讨、活动开展、服务标准等工作制度，确保群众文化工作开展有章可循、有据可依，规范高效地运行。三是人才保障。除了配备群众文化专业工作人员之外，还要积极从社区内挖掘文化专家、名人，有一定文艺专长的文艺工作者和热爱文化事业的志愿者，吸引鼓励他们加入社区群众文化建设队伍中来，充实群众文化队伍力量。四是激励机制。社区每年要对社区群众文化工作进行评比，对表现优异、成绩突出或做出贡献的部门和人员，给予表彰奖励，发挥先进带头作用。五是宣传机制。要积极通过媒体新闻，对社区群众文化工作中涌现的典型人物以及社区群众文化活动重点项目、典型经验进行广泛宣传、深度报道。

（二）加大扩充资金投入，加强对城市社区群众文化建设的资金保障

文化建设的经费保障资金是社区群众文化建设的重要物质基础。为此，可以从以下几方面加大投入力度。一是政府要加大专项经费的投入力度。要高度重视社区群众文化日渐突出的重要地位和作用，创设城市社区群众文化建设专项经费，使社区群众文化建设拥有固定的经费，稳步推进社区群众文化事业建设。二是社会力量要积极参与资金投入。社会力量特别是社区辖区企业要以高度的社会责任感参与到社区群众文化建设中来，对社区群众文化活动工作等进行大力赞助。同时，政府也要通过积极搭建社会资本参与群众文化建设投入的交流平台，制定公益赞助减免税收政策等方式来鼓励社会力量资金投入。三是社区自筹资金。社区可组建有文化专长的团队尝试文艺培训、文艺演出等有偿服务，以此获取相关的活动资金，拓展城市社区群众文化的资金来源渠道，确保城市社区群众文化建设拥有源源不断的资金注入。四是提高资金使用率。群众文化建设筹措到的资金应该严格专门专人管理，坚持勤俭节约地举办各项群众文艺活动，杜绝铺张浪费。

（三）做实做大文化品牌，加强对城市社区群众文化建设的质量提升

文化品牌是社区群众文化建设的一张亮丽名片。做实做大文化品牌能有效提升社区群众文化活动质量，增强社区群众文化的辐射力和影响

力。为此,可以从以下几方面强化品牌建设。一是做实社区群众文化活动品牌。发掘本社区群众文化资源,深入调研本社区居民的人员构成、文化背景以及精神心理和价值取向,调研本社区的历史文化传统和新兴文化发展趋势,进而研判社区群众文化建设的优势和重点,创建本社区独有的群众文化活动品牌。二是做大社区群众文化活动品牌。社区文化资源毕竟有限,要协调联合社区内的单位或其他文化资源丰厚的社区,通过资源共享、共同参与、联合建设,做大做强本社区群众文化活动品牌,增强社区群众文化活动品牌的生命力和引导力。三是重视发展网络文化建设。以互联网作为群众文化活动品牌建设的切入点,与时俱进,科学谋划,创建社区文化APP,通过社区文化APP向广大居民开展线上文艺活动,推送社区群众文化活动内容,吸引更多的年轻群体及外来务工群体参与到社区群众文化建设之中,平衡群众文化参与主体的结构,活跃社区群众文化建设的氛围,为社区群众文化建设加油助力,更好地满足社区居民广泛而精致、不同样式、不同层次的文化需求。①

第二节　乡村群众文化

一、乡村群众文化的含义及其形成

(一)乡村群众文化的含义

乡村群众文化是指聚集在乡村地域范围内的社会成员在农业生产劳动中形成的一种社会性文化。

乡村群众文化是指生活在乡村的居民在职业之外,由群体经常参与和认同,由政府引导,公众自我创造、自我参与、自我娱乐、自我开发以达到娱乐身心、获得社会支持的一种群体性、社会性的公共文化。相对于群众文化,乡村群众文化体现出独特的乡土地域特点,对乡村居民的生活及乡村的社会经济发展都有重要的作用和价值。乡村群众文化所包含的内容要大于乡村群众文化事业的内容,即不仅限于文化艺术范畴,更应该与乡

①周思娇. 社区群众文化建设创新路径探析[J]. 中国民族博览,2022(03):109-111.

村公共文化服务体系的内容趋于一致。

乡村群众文化作为群众文化的一个子系统,有其相对独立的构成要素。其一,它是以一定的农业生产关系与其他社会关系为纽带组织起来的,具有一定数量规模的、自觉参与群众文化活动的人群。其二,人群赖以进行群众文化活动的,有一定规定范围的乡村地域或农民群众参与文化活动的聚集场所。其三,它有一整套相对完备的,可以满足大多数农民基本精神生活需要的文化生活服务设施。其四,它有一系列相互配合的,为满足农民群众文化生活需要的制度和组织。其五,农民对所占有的文化消费在生理上和心理上的认同和归属。而在具体理解这五个要素时,要运用同一事物中不同组合成分之间的观点。其中,人群是乡村群众文化的主体;地域或聚集场所和文化生活服务设施是乡村群众文化的物质基础;制度和管理机构是乡村群众文化的调控手段;文化消费是乡村群众文化的互动机制。

(二)乡村群众文化的形成

中国属于发展中国家,又是世界农业大国。中国的乡村群众文化与中国的农业生产力的基本协调发展,具有典型意义。

首先,中国的农业生产力的发展,是从传统的封闭型的自给自足小农经济为主体的家庭农业中起步的。在相当长的历史时期里,农民群众仅凭着原始的土地意识,从事一些单一的农业产品生产活动。而因时因地产生的属于中国乡村群众文化范畴的一些文化形态,只能与当时不发达的乡村经济基础状况相适应,并且暴露出先天的自发状态的不确定性、不稳定性、封闭落后性。

其次,1979年以来,随着实行家庭联产承包责任制,中国乡村发生了巨大的变化。原来三级所有、队为基础的人民公社管理体制被家庭联产承包责任制所取代,原来政社合一的人民公社被乡村政权和各级经济合作组织所取代,乡镇企业异军突起,使乡村经济结构发生了巨大变化,不仅使乡村剩余劳动力从土地上转移出来,为乡村致富开辟了道路,而且使乡村经济逐步纳入全国统一的市场经济中,并开始准备与国际市场接轨。这些变化大大加快了农业现代化的进程。

中国乡村社会主义生产力和生产关系的调整、完善和发展,一方面猛烈地冲击了农民群众历史上形成的保守落后的生产意识和思想观念;另一方面，它又以充分解放农业生产力的角色，使农民群众那种长期受压抑而缺乏能动性的劳动意识，转化为自觉地运用先进的生产工具、农业科技从事生活资料生产的意识。由于有了农业经济诸方面的客观因素的相互作用，中国的农民群众日益感到一般的物质生活的实惠，不再成为他们在日常生活中所追求的唯一目标，而科学技术、文化教育成了他们日益增长的生活需要。由此得出，农业地域的发展突出表现在专门从事农业经济活动的农业人群的形成，而乡村中不断发展的新的经济基础，恰恰又成了乡村群众文化得以客观存在的条件。[①]

二、乡村群众文化的基本特征

乡村群众文化是农业地域内社会性文化活动和人际关系的集结，所以，不同的聚落形态对农民群众的文化需要有不同的影响。那么，分析和归纳乡村群众文化的基本特征，首先要了解农业地域的一般类型和特点。

（一）农业地域的一般类型和特点

农业地域的一般类型，若按农业地域的经济活动内容划分，有乡村、山村（林业）、牧村、渔村，以及随着市场经济的发展，在农业地域出现的以从事某种经济活动为主的专业村。若按人群聚落形态分类，可把农业地域分为以下几类：其一，散村（点状聚落），即以孤立的农舍为基础做点状分布的村落；其二，路村、街村、沿河村（线状聚落），即沿路、沿街或沿河而建的村落；其三，团村（块状聚落），这类村庄规模较大，建筑物采取周边加行列式布局，即一部分建筑长边沿街，大部分建筑采取有规则朝向的布局。

农业地域通常有五个特点：其一，人口密度稀疏，地域成员的异质性低；其二，家庭功能健全，血缘关系浓厚；其三，群众的文化活动有明显的季节性，生活节奏较慢；其四，群众的生活水平参差不齐；其五，群众文化有明显的地方特色和传统特色。

（二）乡村群众文化的特征分析

根据农业地域的一般类型和特点，乡村群众文化呈现出归属性、直观性、季节性的基本特征。

1.归属性

乡村群众文化往往要运用一定的表现形式服务于广大农民群众，而农

①杨继红．农村群众文化建设标准的措施探讨[J]．大众标准化，2022(07)：168-170.

民群众在接受某种文化形式和文化内容时，会产生逐步吸收、逐步消化的归属过程。这种归属过程体现在乡村群众文化的本体面对异质性较低的被接受者，要选择怎样恰如其分的形式或内容，便于农民群众理解和接受。

农业地域社会成员的认识水平，使发展中国家的乡村群众文化形态与农民群众产生如下互动关系：一方面，乡村群众文化在内容的设计上，尽可能地联系现实农业社会的政治、经济、文化的实际情况，以及农民群众普遍关心的切身问题；在形式上，要尽量采用一些平实的、通俗的，能够触发农民群众真情实感的种类，使农民群众在采纳文化信息时，形成一个环形的接收圈，一种能够实现可以归属的心理感受。另一方面，乡村群众文化在确定主体意识的过程中，往往要更多地考虑因地制宜、切合实际的特点，并且以社会意识形态的一个细胞，表示它在农民群众中有较强的传播能力、导向能力、感染能力，以及应当达到的目标，其中包括应该制定哪些科学的、有效的文化策略。

乡村的社会生活并非一成不变的，且群众文化也不可能不遇到将一些较深的甚至于复杂繁多的内容让农民群众去接受、去理解。面对这个情况，乡村群众文化就要及时发挥主体意识中的能动作用，适当采取一些通俗化的措施，如图解式的、比较式的现身说法等，灵活而又巧妙地把那些阳春白雪化难为易，化繁为简，使农民群众在对文化价值的认同和归属的氛围里消化乡村群众文化的内容，缩短认识上的差距，进而使一种意识——自觉地接受并且主动地参与各种类型的乡村群众文化活动的意识得以形成。所以，乡村群众文化的归属性会使更多的农业居民投入开发现代农业的文化成果的活动中去。

2. 直观性

任何事物都有它的形式，也有它的内容。任何事物处于稳定状态时都需要相应的形式和内容的统一。但是，事物在联系和发展的过程中往往具有二重性：一是与内容不直接相干的、非本质的外在形式；二是与内容紧密相关的、本质的内在形式。形式和内容之间并没有绝对的界限，在一定的条件下，作为一定内容的形式，可能成为另一形式的内容。这就是内容和形式在事物发展中的辩证关系。乡村群众文化也不例外。它在内容和形式方面往往具有较多的适合农民群众精神调节需要的文化艺术活动成分，所以在它的本体中始终保存着较多的直观性。有时候，这种直观性需要人为地创造。由于社会发展的渐进性的客观原因，一些农民对文化信息的接收和反馈只停留在与农业现实的经济基础状况基本适应的水准上。倘若使这个水准产生偏差而不破坏它的质，那么，就要求乡村群众文化在展现直观性时，有意识地把某些内容进行必要的加工和锤炼，运用形象化的处理方法，使之产生较强烈的视觉效果和较清晰的听觉效果。然而，除人为地设计直观性的内容外，某些直观性确实是自然形成的，并作为社会传统流传下来。例如，每个国家都有自己的具有某些特质的并且明显烙有历史文化痕迹和民族民间遗风的乡村群众文化景观。由于这些景观流传已久，早被广大农民群众所熟知，故而，这些文化景观就会以其特殊的、深刻的直观性受到广大农民的喜爱和欢迎。即便某些文化景观在形式上或者新旧不一，或者繁简各异，但是，由于其直观性的客观效果，仍然会成为对某种新的内容的一种别开生面的补充。有时候，这种效果仿佛带有较多的偶然性，但是，它又很类似一些表面来说是不规范的，但却被人们约定俗成，其直接效果呈稳定状的直观性植根于乡村群众文化的根基之中。

3.季节性

在乡村，农民群众在长年累月与自然界的抗争中，形成了属于自己的日常生活习性。这种日常生活习性与土地使用的效率和农作物播种、生长、栽培、收获的周期，以及气象状况密切相关。在农业生产劳动与群众文化活动两者的价值取向中，一些农民往往先进行必要的选择和比较，把前者确定为主要的，而把后者确定为次要的。由于有了与农业生产劳动密切相关的一系列物质生产活动的客观存在，于是乎也就决定了农民群众在文化活动的时间和空间的安排上，具有像耕作收获时那样的季节性。这是乡村群众文化发展的客观规律之一。假如违背这个规律，即使是内容很真实且形式很新颖的群众文化活动，也难以拥有更广泛的参与者，达到理想的效果。所以，强调季节性实质上是强调乡村群众文化的特性，是强调开展乡村群众文化活动因时因地的客观性和科学性。而且实践证明，乡村群众文化活动一般在农闲季节和农家传统节日中容易开展，效果也显著，其原因是农闲季节和农家传统节日大多属于农民群众生产活动和社会活动中的闲暇时间，也是他们热切需要更多的精神生活调节其体力和充实其业余生活的时刻。在这段时间里，他们的精神活动显然比农忙时更宽松更舒展,文化活动的精力也充沛,文化娱乐生活中的空间部分也较广阔。假如是丰年的话,他们要为五谷丰登而载歌载舞;假如是遇灾的话,他们要为重建家园而鼓足干劲。因此,在乡村群众文化这幅全息图景中,季节性像坐标系中的交点一样,有规则地、按次序地分布在乡村群众文化活动的体系中,并且具体地指示出这幅全息图在事物运动过程中的范围大小、程度高低、一定单位时间内的规模如何。所以,季节性既是贯穿于乡村群众文化客观存在的主线,又是最能体现乡村群众文化价值观认同的标记。

4.地域性

相对于城市群众文化,乡村群众文化除了具备上述特征之外,还体现出了明显的地域性特征,即乡村群众文化是以乡土文化为根基所衍生出来的一种文化,相对于城市,具有浓厚的乡土特点,并且不同的乡村其乡土特点也各有不同。因此,乡村群众文化相比城市群众文化有更深的传统文化根基,同时也更有草根性、群众性和多样性的特征。

5.通俗性

由于乡村群众的综合文化素质较低,因此乡村群众的文化大多基于生活中打发时间的需要,在艺术追求和教育培训方面的需求较弱,群众文化内容相对而言更为通俗。但相对于城市而言,乡村的群众文化又有许多自创性的特点,比如舞龙灯、串堂班等都是源于生活的一种自创文化。

三、乡村群众文化的特殊作用

乡村群众文化是农业地域的社会意识形态的客观产物,所以会折射出所处的农业地域内的一定社会历史阶段的经济基础的状况。可以这样认为,乡村群众文化是在特定的乡村社会政治、经济、文化形态的制约下生长、发育的,反过来又促进特定的乡村社会的政治、经济、文化形态逐渐从低级向高级发展。因此,我们得出乡村群众文化在促进农业现代化进程中,具有特殊作用。

(一)具有提高农民群众的思想觉悟,摆脱相对落后状态的作用

中国地大物博,以农业生产为主。中国的农业地域具有人口众多、资源相对较少、经济基础薄弱、科学文化相对落后、地区差异很大等特点。因此,要把传统农业转变为现代农业,建立起广泛采用现代生产工具、现代科学技术和现代经济管理方法的农业生产体系,就必须强化中国农民的

整体文化素质。而介入其中的中国乡村群众文化，应当从重视智力投资出发，积极为大力发展农业教育、农业科学技术研究和推广工作、普及农业科学技术知识、造就一支适应农业现代化建设需要的农业技术和管理人才队伍服务。

同时，在群众文化传播的方式方法上，要拟定系列性的持久性实施方案，使中国农民真正成为适应现代农业社会发展的新型农民。

（二）发展乡村群众文化有利于加强农村思想道德建设

在中国长期的城镇化进程中，随着农村传统的乡绅治理模式的解体，传统的礼俗文化逐渐失去了对农民的约束力，加之农村日益空心化且长期缺乏有效监管，导致农村思想道德滑坡、孝道文化逐渐衰微，老无所养的问题日益严重。因此，发展一些健康的乡村群众文化能够有效地弥补传统礼俗文化衰微所带来的空白，有效引导农民群众树立健康的世界观、价值观和人生观，提升他们的道德认知水平。同时，由于群众文化活动是一种群体性活动，增加了群体间的舆论监督张力，能够有效提升群体对个人行为的约束力，因此，发展积极健康的乡村群众文化可以有效地加强农村思想道德建设。具体说来，可以以发展乡村群众文化为载体，将社会主义核心价值观、爱国主义、道德建设、诚信建设、责任意识、规则意识等内容发扬光大，从而达到加强农村思想道德建设的目的。

（三）具有提高农业生产社会化程度，发展农业生产力的作用

改革开放以来，中国乡村的社会结构发生了一系列的变革。变革的主题以引进市场经济和提高农业生产经济效益为中心。由此引发出坚持以改善农业生态系统，不断提高土地生产效率，并在此基础上大幅度地提高农业劳动生产率的农业生产方针。在逐步调整农业经济结构方面，建立健全了专业化和综合发展相结合的农业生产结构和乡村产业结构。中国农民开始理解农业生产社会化在发展现代农业中的中坚作用。农民群众的生产活动领域的拓展，也给乡村群众文化增添了新的内容。它要求自身每开展一项活动时，必须有一个明确的导向，那就是积极地为农业生产社会化程度的提高而鸣锣开道。而随着现代农业社会的不断完善，农民手中的生产工具机械化程度也日益提高，农业生产向有机农业和无机农业相结合的转变也将增速，由此会使以市场调节为主促使农业劳动力向其他产业领域渗透,以及如何处置乡村剩余劳力出路等问题得到妥善解决。这些有利因素都催促着中国乡村群众文化深入到专业户(村),农业生产前、生产中、生产后的服务和各地域、各部门的分工协作,以及发展乡村市场经济等过程中。

不过,我们也要看到事物在发展中是多因素互相联系的。我们所认定的乡村群众文化,毕竟不是一种包罗万象的能超越乡村社会物质条件而存在的文化类型。那么,从事物的量变因素和质变因素相互作用产生新的飞跃的辩证观点出发,乡村群众文化在提高农业生产社会化程度和发展农业生产力中,其效益也许是间接的、潜在的,并且更多地保留以文化意识为导向的文化普及行为的因素,所以它的特殊作用的客观表现往往不是立竿见影的,而是隐形的。

(四)具有提升乡村居民生活质量的作用

带领人民创造幸福生活,是我们党始终不渝的奋斗目标。我们要顺应人民群众对美好生活的向往,坚持以人民为中心的发展思想,以保障和改善民生为重点,发展各项社会事业,加大收入分配调节力度,打赢脱贫攻坚战,保证人民平等参与、平等发展权利,使改革发展成果更多更公平惠及全体人民,朝着实现全体人民共同富裕的目标稳步迈进。把人民群众对美好生活的向往当作我们的奋斗目标。随着国家对三农发展的日益重视和乡村振兴战略的提出,农村的经济物质水平不断得到提升,农民们的口袋鼓起来了,但脑袋还是空的。农民有了钱之后,就会有更多的时间来追求文化休闲活动以娱乐身心。因此,乡村群众文化的发展能够有效满足乡村居民对精神文化的迫切需求,满足农民娱乐休闲、审美愉悦、创新创造、寻求社会支持、享受生活等需要,能够有效改善居民的休闲娱乐方式,最终实现乡村振兴的终极目的,即满足农民群众对美好生活的向往,让农民群众在乡村也能过上丰富多彩的幸福生活。

(五)具有发挥自娱性文化的优势,活跃和丰富乡村群众文化的作用

乡村群众文化拥有被广大农民群众所认同的文化艺术普及与提高中的自娱性成分的特殊作用。乡村群众文化在自身的文化孕育和文化发展中已经开拓出一条泾渭分明的环环相扣的沿革线路,成为农民群众生活方

式中不可缺少的组成部分。因此,农民群众会不受拘束地以接受者和参与者的双重身份,加入所处的地域内的各式各样的文化艺术活动的行列中。更由于乡村群众文化艺术活动具有情绪性、挥发性、松懈性等特点,出于协调物质生活和精神生活的不同需要的目的,身为活动者的农民群众似乎更看重通过群众文化艺术活动,能够产生消除疲劳、恢复体力的实际效果。这样,无论事物的主体或是客体,两者在繁荣乡村群众文化中的目标都是相同的。

(六)发展乡村群众文化有利于传承农村优秀传统文化

在乡村振兴的过程中,只有保留了传统文化的乡村才具有乡村真正的魅力和灵魂,这样建设起来的乡村是望得见乡愁的新农村,才是农民群众想要的乡村振兴。农耕文明是中国传统优秀文化的摇篮,农耕文明中所包含的依时令而劳作的人与自然和谐相处的思想、依节气而举办的民俗活动、制作的美食、传统村落建筑、孝道文化、丰富多彩的民俗技艺等都是农村的优秀传统文化。随着农村的不断空心化,农村许多的优秀传统文化逐渐流失,亟待一种有效的方式对其进行传承和发扬。乡村群众文化作为农民群众生活中不可分割的一部分,如果能够将农村优秀的传统文化融入农民群众的日常文化活动中去,那么许多优秀的传统文化和技艺就能够得到有效的传承。具体说来,在发展乡村群众文化的过程中,通过将优秀的传统文化以创新的方式融入农民群众的文化活动中去,就能够赋予传统文化以生机,在农民群众的日常生活中得以传承。比如,在广场舞日益火热的今天,可以将传统的曲艺进行改变,变成广场舞舞曲,这样就能够有效地将之传承。

(七)发展乡村群众文化有利于推动乡村经济发展

发展乡村群众文化能够从多个方面促进乡村经济发展。其一,发展乡村群众文化有利于提升农民群众的综合文化素养,不仅能提升他们勤劳致富的能力,更能增强他们勤劳致富的自信和志气,从而从根本上推动农村经济的快速发展。其二,发展乡村群众文化能够营造乡风文明良好氛围,传承优秀的传统文化,促进乡村旅游蓬勃发展,从而促进乡村经济的快速发展。其三,发展乡村群众文化能够促进乡村的和谐治理,有利于乡村公共基础设施的发展和外来项目的落地,从而间接促进乡村经济的快速发展。其四,发展乡村群众文化能够繁荣乡村的文化市场,促进农民群体的文化消费,带动文化产业的蓬勃发展。

四、乡村群众文化建设的阵地及要求

(一)乡村公共文化服务和乡村群众文化阵地建设

要科学把握乡村群众文化阵地建设的内涵,开展好新时期的乡村文化阵地建设,首先需要厘清群众文化事业与公共文化服务的关系以及乡村群众文化阵地建设与群众文化事业、公共文化服务之间的关系。

乡村群众文化事业是指群众文化事业中面向乡村的部分,具体到乡村群众文化工作层面,即在乡镇街道设立综合性文化站,在乡村设立文化书屋,组织艺术骨干培训、传授传统文化技艺,组织送戏下乡、送电影下乡等系列乡村文化艺术活动。从所涉及的内容面上来看,乡村群众文化事业并不能满足乡村所有的群众文化需求,如农民群众对教育培训、体育休闲等的文化需求。因此,本书认为,乡村群众文化事业作为乡村公共文化服务体系的一个子系统,并不等于乡村群众文化阵地建设。

乡村公共文化服务体系是指公共文化服务体系面向农村的部分,具体到实际工作层面包括乡镇综合文化站、村(社区)综合文化服务中心、农家书屋等的建设和管理工作,还包括完善基层公共服务基础设施,组织开展农民群众文化活动,鼓励农民群众、企业、社会积极举办群众文化活动等。从乡村公共文化服务体系所涵盖的内容上来看,其与乡村群众文化阵地建设的内容较为一致,是乡村群众文化阵地建设的核心内容部分。

目前,关于乡村群众文化阵地建设的内涵,学界研究的较少,鲜有研究者就乡村群众文化阵地建设的内涵做出详细的论述。大部分研究者习惯将乡村群众文化阵地建设理解为乡村群众文化的场所和设施建设,即乡镇综合文化站建设、乡村的公共文化活动场地和设施建设等。但编者认为,如果只是把乡村群众文化阵地建设简单地理解为场地和设施建设,而忽略了农民群众对文化活动需求这一核心原则,忽略了乡村群众文化的复杂性,那么乡村群众文化阵地建设就会变成重建轻管、背离群众需求的形式主义工作。正如张素英等在《略论推进新时代农村文化阵地建设》一文中所言:新时代农村文化阵地建设的内涵绝不仅仅是场地(场所)及设施建设这么简单,而是包括政治导向、思想引领、时代精神、组织机构、人才培树、制度机制、优秀文化传承、场地（场所）设施、实际效果、控制范围、作用及影响等方面在内的系统性建设工程，既需要长远规划、统一领导、认真组织，又要求突出地域特点、历史风貌、风土人情，充分体现积极、健康、奋斗、向上的新时代特征。可以说，张素英等敏锐地看到了乡村文化阵地建设的复杂性和系统性，意识到了要做好乡村文化阵地建设必须从思想引领、组织架构、人才队伍、体制机制、主体内容、场地（场所）设施、建设成效等多维度入手，才能构建出一个强而有效的文化阵地。相对而言，张素英等对农村文化阵地构建的看法是比较全面到位的，但他们依然存在一点不足之处，那就是他们依然只停留在政府层面来谈论农村的文化阵地建设，忽略了农民群众作为文化活动的创造者和享受者在农村文化阵地建设过程中的价值和作用，同时也忽略了社会组织和民营企业在推动农村文化阵地建设当中的作用。综合上述诸多要素，本书尝试着对乡村群众文化阵地建设做如下定义：乡村群众文化阵地建设是指以政府投入的公共文化服务体系为主，以尊重、发展和满足乡村群众文化需求为目的，充分发挥农民群众自办文化、社会企业民营文化等包括思想政治引领、培育时代精神、完善组织机构、搭建人才队伍、完善制度机制、传承优秀文化、完善场地（场所）设施、确保建设成效等方面在内的系统性建设工程。在这一过程中不仅要综合考虑乡村群众文化建设涉及的诸多要素，还要积极发挥好政府、社会以及农民群众之间的良性互动，最关键的是要使农民群众的文化休闲活动既能满足农民群众自身对美好幸福生活的向往，又能实现国家对促进社会主义文化事业繁荣发展、乡村和谐治理以及乡村振兴等目标。

（二）乡村群众文化阵地建设的新时期要求

乡村公共文化的建设可以满足农民日益增长的文化生活需求，积极培育农民之间的新集体主义意识和互助合作精神，增强农村社区内聚力。正因为乡村公共文化的建设有其重要价值，随着时代的更迭，新时期的中国对乡村群众文化阵地建设也提出了新要求，正如马克思曾说：随着经济基础的变更，全部庞大的上层建筑也或慢或快地发生变革。

1. 以传承发扬中华民族优秀传统文化为核心

为了适应新时期乡村振兴的要求，中央多次发文对如何做好新时期农村群众文化阵地建设提出了指导意见，如中共中央办公厅、国务院办公厅印发的《关于实施中华优秀传统文化传承发展工程的意见》提出：坚持辩证唯物主义和历史唯物主义，秉持客观、科学、礼敬的态度，取其精华、去其糟粕，扬弃继承、转化创新，不复古泥古，不简单否定，不断赋予新的时代内涵和现代表达形式，不断补充、拓展、完善，使中华民族最基本的文化基因与现代文化相适应、与现代社会相协调。该文件对新时期乡村群众文化阵地建设该如何传承好中华民族优秀传统文化提供了指导性意见。

2.积极培育和践行社会主义核心价值观

2018年9月，中央农村工作领导小组办公室颁布的《乡村振兴战略规划（2018—2022年）》提出：坚持以社会主义核心价值观为引领，以传承发展中华优秀传统文化为核心，以乡村公共文化服务体系建设为载体，培育文明乡风、良好家风、淳朴民风，推动乡村文化振兴，建设邻里守望、诚信重礼、勤俭节约的文明乡村。该规划明确提出要坚持以社会主义核心价值观为乡村文化振兴的引领。2019年中共中央办公厅、国务院办公厅印发的《关于加强和改进乡村治理的指导意见》中再次强调积极培育和践行社会主义核心价值观，坚持教育引导、实践养成、制度保障三管齐下，推动社会主义核心价值观落细落小落实，融入文明公约、村规民约、家规家训。各乡村通过新时代文明实践中心、农民夜校等渠道，组织农民群众学习习近平新时代中国特色社会主义思想，广泛开展中国特色社会主义和实现中华民族伟大复兴的中国梦宣传教育，用中国特色社会主义文化、社会主义思想道德牢牢占领农村思想文化阵地；完善乡村信用体系，增强农民群众诚信意识；推动农村学雷锋志愿服务制度化、常态化；加强农村未成年人思想道德建设。

3.实施乡风文明培育行动

我国拟通过乡村群众文化阵地建设，弘扬崇德向善、扶危济困、扶弱助残等传统美德，培育淳朴民风；开展好家风建设，传承传播优良家训；全面推行移风易俗，整治农村婚丧大操大办、高额彩礼、铺张浪费、厚葬薄养等不良习俗；破除丧葬陋习，树立殡葬新风，推广与保护耕地相适应、与现代文明相协调的殡葬习俗；加强村规民约建设，强化党组织领导和把关，实现村规民约行政村全覆盖；依靠群众因地制宜制定村规民约，提倡把喜事新办、丧事简办、弘扬孝道、尊老爱幼、扶残助残、和谐敦睦等内容纳入村规民约；以法律法规为依据，规范完善村规民约，确保制定过程、条文内容合法合规，防止一部分人侵害另一部分人的权益；建立健全村规民约监督和奖惩机制，注重运用舆论和道德力量促进村规民约有效实施，对违背村规民约的，在符合法律法规前提下运用自治组织的方式进行合情合理的规劝、约束；发挥红白理事会等组织作用，鼓励地方对农村党员干部等行使公权力的人员，建立婚丧事宜报备制度，加强纪律约束。

4.发挥道德模范引领作用

深入实施公民道德建设工程，加强社会公德、职业道德、家庭美德和个人品德教育。大力开展文明村镇、农村文明家庭、星级文明户、五好家庭等创建活动，广泛开展农村道德模范、最美邻里、身边好人、新时代好少年、寻找最美家庭等评选活动，开展乡风评议，弘扬道德新风。

5.加强农村文化引领

加强基层文化产品供给、文化阵地建设、文化活动开展和文化人才培养。传承发展农村优秀传统文化，加强传统村落保护。结合传统节日、民间特色节庆、农民丰收节等，因地制宜广泛开展乡村文化体育活动。加快乡村文化资源数字化，让农民共享城乡优质文化资源。挖掘文化内涵，培育乡村特色文化产业，助推乡村旅游高质量发展。加强农村演出市场管理，营造健康向上的文化环境。

五、乡村群众文化建设策略

（一）完善乡村群众文化阵地建设的相关政策法规

关于乡村群众文化阵地建设的政策法规体系是推动乡村群众文化阵地建设的基本遵循，既是蓝图，又是目标，更是考核标准。目前，我国关于乡村群众文化阵地建设的政策法规体系还不够健全，较为零散，成体系的指导文件较为缺乏，并未围绕乡村群众文化阵地建设这一核心出台专门成体系的政策法规。由于相关政策法规体系不够健全，一方面导致基层文化工作人员在开展工作时缺乏明确遵循，对目标任务把握不清，工作开展程序难以规范；另一方面，也导致基层政府和文化工作人员对乡村群众文化阵地建设工作不够重视，乡村群众文化工作被边缘化。为此，国家和各级政府应当针对乡村群众文化阵地建设出台成体系的政策法规文件，围绕基层公共文化服务设施的功能定位、运行方式、服务内容、人员管理、经费投入、绩效考核、奖惩措施等重点环节，制定工作准则、工作人员名册、活动登记表、服务规范等，健全标准体系和内部管理制度，形成长效机制，实现设施良性运转，最重要的是通过完善政策法规来增加对乡村群众文化阵地建设工作的高位推动，为乡村群众文化阵地建设提供更多的政策和资金资源。

（二）健全和利用好乡村公共文化服务基础设施

1.健全乡村公共文化服务基础设施

通过调研和对比分析可以发现，部分农村地区的公共文化服务基础设施建设还不够健全，如乡村综合文化服务中心的建有率还未达到100%，设施配套齐全率偏低，文化活动场地建设面积不足，文化站和综合文化服务中心功能不健全以及功能难以有效发挥等问题较为突出，成为制约农民群众开展文化活动的重要因素。为此，要打造好乡村群众文化阵地，首先必须按照国家以及省市的相关规定，高质量健全以乡镇文化站和村（社区）综合文化服务中心为主的农村公共文化服务基础设施，根据各地的经济社会发展水平、人口分布、人民生产生活需要，按照均衡配置、规模适当、位置合理、经济适用、节能环保等要求和一次规划、分步实施的方式，对乡镇及村（社区）综合文化服务中心等文化服务设施进行合理规划布局。乡镇综合文化站重在完善、补缺、归位，对少数尚未建成的空白点进行补建；对建筑面积不达标又无法扩建的，应通过调整置换、搬迁等方式予以补充；对被挤占挪用的，应通过清退、调整、置换等方式促其达标。村综合文化服务中心主要通过盘活存量、调整置换、集中利用等方式进行建设，不提倡大拆大建、重复建设。建议依托行政村党组织活动场所、社区综合服务设施、废弃厂房、农村祠堂、新建住宅小区公共服务配套设施以及其他城乡综合公共服务设施，在明确产权归属、保证服务接续的基础上进行整合建设，并配备相应器材设备。在建设过程中完善老年人、未成年人、残疾人、妇女群体等特殊人群服务设施设备。其次，随着农民群体对体育健身文化活动的热情越来越高，应当完善农村体育健身方面的公共文化基础设施，尽量配套诸如健康跑道、篮球场、乒乓球场、羽毛球场等健身设施。最后，政府可以通过购买服务的方式吸引企业等社会资本投入到乡村公共文化事业的发展中来，比如吸引一些企业在农村发展乡村旅游，兴办一些文化、体育赛事，开设健身馆、舞蹈班等来健全农村的公共文化服务基础设施。

2.充分利用好乡村公共文化服务基础设施

调研过程中，许多乡镇文化站工作人员反映许多农家书屋、乡镇文化站、村（社区）综合文化服务中心的功能并没有得到有效发挥，一方面造成了资源的极大浪费，另一方面又没能满足农民群众日益高涨的精神文化需求。因此，为了确保“用起来”，应当做好如下几方面工作。

其一，由县、乡级人民政府根据自身财力和群众的文化需求每年制定详细的基础设施文化服务项目目录，重点围绕文艺演出、电影放送、文体活动、广播电视、读书看报、展览展示、教育培训等方面明确每年要开展的文化服务活动，确保公共文化服务设施得到有效利用。

其二，整合基层公共文化资源。将分散在不同部门、功能单一、孤立的文化资源进行整合，达到化零为整、整体大于局部的效果。如可以村综合文化服务中心为核心，整合农家书屋、乡镇文化站、电子图书馆、阅览室、文化活动场所等资源，联合举办有组织性的群众文化活动，比如阅读研讨会、教育培训、谷雨诗会、舞蹈比赛等。

其三，完善农家书屋的管理制度，对图书管理员进行业务培训，提高文化管理员的工资待遇，加强工作监督考核，确保农家书屋定时开放；定期更新农家书屋的书目，要根据农民群众的需求和爱好来提供书目；要引导和培养农民群众的阅读习惯，以农家书屋为载体，定期组织阅读活动、开设讲座等文化活动，既能有效发挥农家书屋的作用，又能激发农民群众的阅读兴趣，培养他们的阅读习惯，从而改善农民群众的业余文化生活习惯。

其四，要向农民群体积极宣传乡镇文化站、村（社区）综合文化服务中心、农家书屋等文化设施的位置和功能，让农民群众对相关公共文化服务设施及其功能有充分的了解，便于他们合理使用。文化站工作人员可以召集农民开展专门的设备使用培训课，既能使公共文化服务设施得到充分利用，又能进一步引导农民群众的业余文化活动，让农民群众选择更加健康向上的文化活动，从而远离一些诸如打牌、打麻将等不健康的文化活动。

其五，基层文化工作者应当利用已有的公共文化服务资源组织农民群众开展健康向上的群体性文化活动，丰富农民群众的业余文化生活。①

①刘现洁．农村群众文化事业发展的几点浅见[J]．农家参谋，2022(01)：13-15.

（三）多渠道保障乡村群众文化阵地建设的资金投入

在调研过程中，许多乡村文化工作者反映经费不足是导致基层文化工作难以有效开展的重要制约因素，并且其他地区的学者也在研究中反复强调了在基层文化建设过程中的经费不足问题。因此，要强化乡村群众文化阵地建设，必须多渠道保障乡村群众文化阵地建设的资金投入，建立起政府支持一点，企业资助一点，社会募集一点，文艺团体赚回一点，群众自筹一点相结合的投融资体系，多方筹措资金。

一是强化财政支持，各级政府要根据实际需要和相关标准，将基层公共文化服务设施建设所需资金纳入财政预算。上级财政统筹安排的现代公共文化服务体系建设专项资金要足额用于推进现代公共文化服务体系建设工作。按照乡村振兴要“在资金投入上优先保障”的要求，加大财政投入力度，同时各级财政每年用于文化建设的经费要明显向农村倾斜，在此基础上可确定农村文化阵地建设专项经费的财政占比并逐年提升。

二是要完善经费投入的分级保障制度，按照财权与事权对等的原则，强化市县级政府的经费投入职责，减轻基层乡镇的财政压力。

三是要拓宽基层群众文化事业的经费来源渠道。可增加政府非税收入用于乡镇群众文化阵地建设。研究制定彩票公益金用于文化事业的具体政策，逐步增加彩票公益金用于文化事业的支出。通过减免税收、政府贴息、提供优惠扶持政策等方式吸引文化创意企业投资乡村文化产业发展。进一步落实鼓励社会组织、机构和个人捐赠以及兴办公益型文化事业的税收优惠政策，促进企业及民间增加对文化的投入，如鼓励支持企业、社会组织和其他社会力量，通过直接投资、赞助活动、捐助设备、资助项目、提供产品和服务以及采取公益创投、公益众筹等方式，参与村综合文化服务中心建设管理。

四是要优化经费支出管理。进一步优化支出结构，完善激励机制，提高具有激励性质的经费投入比例。积极建立财政投入绩效评价机制，将项目事前审核、事中监督和事后考评结合起来，把考评结果作为经费安排的重要依据，切实提高资金使用效益。

（四）健全乡村群众文化阵地的人才队伍建设机制

一要完善文化名家队伍培养机制，针对许多濒临灭绝的优秀传统文化，要实施文化传承人保护项目，对身怀绝技的优秀传统民间文化艺术者给予资金和政策扶持，鼓励其通过收徒、建立团队、开展培训等方式对优秀传统文化进行传承与发扬，为文化传承人开展优秀传统文化活动提供平台和资金扶持，鼓励文化传承人依托传统文化兴办文化产业。对于农民群体喜爱的文艺活动要配备优秀的文艺工作者进行教育培训，如农村非常缺乏广场舞的编排、二胡、锣鼓、笛子、棋艺、书法、美术、诗词等专业的文艺工作者，各级政府可以通过配备专职文艺工作人员、吸引文艺志愿者下基层等方式，对农民群众进行教育培训，提升农民群众的文化艺术水平，从而提升他们的业余文化生活质量和自身的综合文化素质。二要加强文化人才培训工作。目前，基层文化站、综合文化服务中心以及农家书屋的文化工作人员的综合文化素养相对较低，自身较为缺乏文艺特长，又缺乏充分利用已有文化服务设施举办活动的积极性、创新性和综合能力。因此，各级政府要多开展对基层文化工作者的培训工作，使他们成为推动乡村群众文化阵地建设的核心力量。同时，对于文化志愿者队伍、农民文化艺术领头人也要积极开展培训和给予引导，既要提升他们的文化技能和综合文化素养，更要提升他们的政治素养，从而起到既弘扬乡村群众文化活动的政治主旋律的作用，又能积极调动农民群众参与业余文化活动的积极性，满足广大农民群体的精神文化需求。

（五）乡村群众文化阵地建设需要将农民群体组织起来

将农民群众组织起来是有效激发农民群众参与文化活动积极性的有效方式，如鄱阳县枧田街乡的舞蹈协会组织就是一个十分成功的案例。为此，可以通过培育和扶持群众文化团体，兴办读书社、书画社、乡村文艺俱乐部，组建演出团体、民间文艺社团、健身团队以及个体放映队等，结合重要节假日、重大节庆活动组织开展各类文体活动。

将农民群体组织起来，既可以有效发挥群体对个人的激励和引导作用，又能有效发挥农民群体自身的主动性和能动性，还能提高农民群众文化活动的针对性和吸引力。各级政府要对这些农民群体组织给予一定的政策、资金、技术扶持，还要适时对他们进行教育培训，确保他们能为乡村群众文化阵地建设所用，为乡村文化振兴和新农村建设贡献自己的力量。

在推动乡村群众文化阵地建设的过程中，要激发农民群体的主观能动性，多鼓励农民群体自发组织各类内容积极健康，形式丰富又有活力的群众文化活动，政府部门可以从旁提供协助。如结合春节、庙会等节庆活动，鼓励农民群体根据地方民俗特色兴办群体性文化活动，将新时代的政治主旋律、社会主义核心价值观、道德、法治等精神融入农民自办的文化当中去，通过农民自己举办文化活动来达到化民成风、提升乡风文明，最终实现农村善治的作用。各级政府可以鼓励农民多兴办乡村晚会、庙会、美食文化节、好媳妇厨艺大赛、好婆媳才艺大赛等属于农民群体自己的文化活动，充分激发农民群体的主体积极性，让农民群众决定自己的文化活动内容和形式，从而使得农民群众的文化活动能够深入农民群众的内心，真正起到文化润心的作用。

第三节 乡镇群众文化

随着我国经济的快速发展，人们的物质生活水平不断提高，文化产业也越来越受到人们的重视。乡镇群众文化的建设是我国精神文明建设的重要内容，也是促进乡镇文明发展的重要工作，对乡镇群众的个人素质以及生活品质都有着巨大的影响。

一、乡镇群众文化的含义及其形成

（一）乡镇群众文化的含义

乡镇群众文化，是指介于乡村和城市之间的行政建制镇形成的以兼容非农业居民和农业居民的文化需要为主体的吸收和消化城市群众文化后的一种社会性文化。

构成乡镇群众文化的要素有四：其一，乡镇地处城市和乡村之间，因此乡镇群众文化在城乡物质、文化交流的网络中具有桥梁作用。其二，乡镇的社会成员具有混合型的人口结构。乡镇是乡村剩余劳动力的转移场所，由于剩余劳动力的转移形式不同，乡镇人口结构表现出复杂的混合形态。根据居住形式划分，乡镇人口分为住镇人口和摆动人口两种。前者工作、居住固定在镇；后者则在镇工作，回原所在村庄休息。乡镇社区的混合型人口结构表明，乡镇地域的居民同农业、乡村有密切的关联。其三，乡镇的经济基础具有较强的自主性。乡镇上相当一批经济企业是依靠乡村集体经济积累和农民自筹资金建设起来的，这些企业在很大程度上依赖市场。这些原因决定乡镇经济基础有较强的自主性,即企业对经营方向、方针和方式有很大的决定权。这种自主性使乡镇经济立足市场需求,通过创造新的经营机制促进企业高速发展。其四,乡镇具有城乡结合的文化生活方式。乡镇群众文化体现着城市和乡村两种文化的结合与交融,既有所处乡村地区的“乡村群众文化”的特质,也有从城市接受的“城市群众文化”的因素,两者根据乡镇的特点融为一体,形成乡镇地域别具一格的群众文化体系。由于乡镇居民大多是新近从乡村转移而来的,他们的文化生活方式和价值观念自然带有乡村特色。但在较为接近现代的生产方式和城市群众文化辐射的影响下,乡镇群众文化往往根据自己的条件和需要,将城市的文化生活方式加以改变后采用。这种“转换”对促进城市文明向乡村渗透有重要的意义。

(二)乡镇群众文化的形成

乡镇群众文化的形成,还要依赖于乡镇的形成与发展。乡镇,又称为小城镇,是具有一定人口规模并聚集着一定规模的非农业活动的聚落。乡镇一般是在集市的基础上发展起来的,至今已有六千多年的历史。在中国,乡镇的历史也很悠久。在春秋时期,集市贸易已具有相当规模。秦汉以来,集市贸易日趋繁荣。东晋南朝时,集市已普遍存在。集的发展,带动了镇的发展。在位置适中、交通便利、规模较大的集市所在地,先是有人为了方便交易者的食宿,开设了饭店、客栈等,随后又有工商业者前来定居经营,集市所在地便逐渐成为具有一定人口规模和多种经济、社会活动内容的聚落。

新中国成立后,随着乡村经济的发展,在战乱中遭到破坏的乡镇逐渐恢复了生机,许多乡镇发展为工商、交通、建筑、服务业和文教卫生事业共同发展的多功能的乡村中心。

按照有关行政规定划分,中国的乡镇可分为建制镇和乡镇两种。根据乡镇在一定区域所处的地位,可以把乡镇分为三种类型:第一种为县城镇,其所在位置一般处于全县的中心,位于水陆交通网络的交汇点,是全县政治、经济、文化的中心。第二种为中心镇,是县城范围内的次级中心,位于地域适中、交通条件较好的地方。尽管从行政层次上看它同周围的乡镇平级,但它实际上担负着为周围几个乡服务的中心地职能,其人口聚集规模、经济发展规模、商品零售额、第三产业等都明显高于周围的乡镇。

第三种为一般乡镇，是一个乡的中心，文教卫生单位及商业、金融、服务业等单位一应俱全，但人口、经济聚集规模和为周围区域服务的能力明显低于中心镇乡镇以及乡镇的发展，拓宽了群众文化的活动区域，丰富了群众文化的内涵，也使一种新的文化类型——乡镇群众文化脱颖而出。

二、中国乡镇群众文化的基本特征

由于各国的规模经济和集聚经济的侧重点不同，因此乡镇化的程度和乡镇群众文化的模式也不相同。中国的乡镇群众文化具有普遍性和特殊性相结合的意义。中国乡镇群众文化的建设方针是开放搞活、扶持疏导、面向群众、供求两益。多体制、多渠道、多层次、多形式是乡镇群众文化建设的原则。有计划按比例地开发国办的、集体办的、个体办的乡镇群众文化项目，科学地、有组织地开展多种样式的乡镇群众文化活动，是繁荣乡镇群众文化事业的必要途径。因此，中国乡镇群众文化的基本特征，主要表现在结构性、延伸性、目标性上。

（一）结构性

乡镇群众文化一般具有相应的主客体之间互相依赖、共同促进的运行模式。这种模式有其明显的结构特点。它大致有两类：一类称作纵向型，一类称作横向型。纵向型一般都是单一的，与群众性文化艺术产生联系的类型，它所表现出的是一个较为严密的群众文化实体单位，它的人、财、物、工作都落实在同一个作用点上。在中国的乡镇群众文化中，纵向型结构又分为两种：一种是由乡、镇人民政府直接管辖的文化站、文化艺术服务部、文化科技咨询服务站等直接与群众文化本体有关的要素；另一种是农民文化馆或称文化中心站，它也是一个完整的、独立的文化经济实体，内部通常设有各种文化艺术活动部门，诸如书报阅览室、影剧场、民间剧团等，实行统一管理。第二类结构为横向型，它是一种广义的文化，高度集聚了各种文化科技设备设施，各种科技、教育、卫生、体育和文化艺术活动单位。具体地说，是在一个较大的乡镇上分别设有文化站（或文化分馆）、农技站、广播站、影剧院、体育场、学校、医院、工艺美术企业，以及各种业余文化体育组织等等。它们都是各自独立的实体，其中有国家办的；有地、市、县办的，有区、乡、镇办的；也有集体和个人办的。业余性质的群众文化娱乐活动往往是工矿企事业单位和群众自行组织的。它们的人、财、物及工作分布在每个独立的实体中，对方与对方之间通常互不涉及，倘若要举办某项大型的群众文化活动，往往通过所在地域的政府部门予以适当的协调，或实行统一计划和统一安排。上述两类结构形式，在中国乡镇群众文化中基本上是并存并立的。

（二）延伸性

中国乡镇群众文化具有较强的综合性和社会性的参与意识，即在乡镇所在地域的政府机构的管理下，以社会主义思想为指导，将文教、科技、卫生事业、文化企业、专业或业余文化艺术活动合而为一，同时还延伸到时事政治宣传、科学普及、广播、电视、电影等社会科学内容和自然科学内容的领域之中，成为乡镇群众文化建设的基地。中国乡镇群众文化的主要服务内容是普及文化、教育、科技、卫生、广播电视电脑网络等知识技能，以满足广大乡镇群众和乡村群众对文化娱乐生活的需求，提高他们的科技、文化、体育与健康水平，以促进乡镇的现代文明建设。为了使服务内容落到实处并产生整体效益，乡镇群众文化往往将强烈的文化意识延伸到乡镇的其他各个社会组织中，促使它们在主体和客体之间产生较大幅度的互动整合现象，从而相互合作，相互支持，相互协调，相互补充。

（三）目标性

无论乡镇的地域范围和人口覆盖面积大还是小，群众文化的设施建设都将随着乡镇经济递增发展的速度而日趋齐全、周密。这样，必然会引起乡镇群众文化设施建设上的目标性程度的提高。其一，可以有目的地激发集体和个人投资兴办乡镇群众文化设施的积极性，即国家通过增加对乡镇群众文化设施建设的必要资金投入，以此刺激集体和个人兴办乡镇群众文化设施，促进乡镇群众文化的“硬件”建设。其二，可有目的地调整对乡镇群众文化设施建设的投资比例，即国家对乡镇群众文化设施建设实行一些鼓励性的倾斜政策，文化主管部门主动介入制定乡镇群众文化建设的规划，并对其建设规模、所处的地理位置、投资比例等拥有相应的建议权利和控制义务，使基础设施建设能遵循群众文化的活动规律，使有限的投资产生良好的效益。其三是有目的地建立健全乡镇群众文化的管制机制，其中包括归口使用机制、扶持巩固机制、保障文化秩序机制等内容，以此促进乡镇群众文化设施的优质服务效率和稳定自身发展效率的发挥，使乡镇群众文化的社会效益和经济效益共同构筑在系统性的科学管理基础上。总之,目标性不是抽象的。它要求乡镇群众文化必须具备系列化的形式、内容、活动和设备设施,形成相应的运转体系,使乡镇群众的文化心态、文明程度、道德水准等与现代乡镇群众文化的先进性相适应,最终达到彻底改善乡镇地域中人际关系的目的。

三、中国乡镇群众文化的特殊作用

乡镇群众文化的根本作用是推进乡村群众文化建设。乡镇群众文化以乡镇为依托,熔国办文化、集体办文化、个体办文化为一炉,以丰富多彩、活泼健康的活动,满足乡镇群众求新、求美、求知、求乐的生理需要和心理需要,并且还以其独特的辐射、求范、引导等作用,改变着周围乡村群众的生活观念和思想情操。因此,中国乡镇群众文化的特殊作用主要表现在加速中国乡村群众文化建设上。

(一)乡镇群众文化的基础设施建设,为推进乡村群众文化建设提供了有利条件

乡镇群众文化的基础建设,主要指已经建成的国家、集体、个体三级共建网络。它分为硬件建设和软件建设。硬件建设是指国家、集体、个人对文化设施设备的资金投入所产生的物质成果。软件建设则指有一支相当规模的业余的群众文化艺术的组织骨干和群体,以及一个多层面的群众文化活动格局。这些都是推进乡村群众文化建设必不可少的有利条件。它能够为乡村群众开辟新的群众文化事业建设的视野,扩展新的群众文化事业建设的思路,并为培养周围乡村群众良好的文化心态,做好物质上的准备。

(二)乡镇群众的文化参与意识,为推进乡村群众文化建设创造了良好氛围

乡镇既是乡村发展市场经济的集散地,又是乡村地域的文化、教育、科技事业的窗口,是传播新思想、新道德、新观念的桥梁。所以,乡镇群众的文化参与意识较之乡村群众活跃。这种参与意识大致表现为直接参与和间接参与两种类型。直接参与是指乡镇所在地域的国营、集体、乡镇企业自觉兴办各类群众文化活动。间接参与是指乡镇所在地域以家庭为单体自发开展各类群众文化活动。由于乡镇群众的文化参与意识往往比乡村

群众的更新，更有领先性和超前性，所以会促使乡村群众文化出现相应的转机：一是从单纯依靠国办文化提供单向服务转变到以乡镇群众文化为枢纽，牵动乡村群众文化朝多渠道、多层次、全方位办文化的方向发展；二是从原来简单直观的娱乐活动转变到融德、智、体、美为一体的具有较大广泛性和较强综合性的文化普及活动和文化提高活动；三是从原来组织群众开展文化活动以村级俱乐部为着眼点，转变到以乡镇为中心同时巩固和完善村级俱乐部的存在。[①]

（三）乡镇丰富多彩的群众文化活动，为推进乡村群众文化建设发挥了导向作用

在乡镇，社会性的群众文化活动和自娱文化活动往往交织在一起，并且逐步改变着人们的文化生活方式，日益在人们的文化活动中形成"场"的力量。其主要原因有：一是乡镇政府部门把群众文化建设纳入乡镇经济建设和社会发展的总体规划之中，尽可能地使乡镇群众文化呈现出朝气蓬勃，功能健全的局面；二是乡镇的文化主管部门在兴办乡镇群众文化时，能够充分行使组织、辅导、宣传、管理、调研、联络、服务、协调等方面的综合职能，为乡镇群众文化活动的拓展发挥了能动作用；三是坚持把面向乡村，提高乡村群众的文化素质贯穿到经常性的乡镇群众文化活动之中，使乡镇群众文化的活动主体产生较强的吸引力和广泛的社会性，乡镇群众文化通过导向作用，使乡村群众逐步增加对乡村地域文化建设投入的兴趣，进一步理解群众文化在发展农业生产力中的潜在效益。同时，也使乡村群众真正认识到在生产劳动之余，能够得到健康有益、内容多样、形式别致的文化娱乐，是社会发展和时代进步的需要，是激发他们的劳动热情、转变生产力机制的一条行之有效的途径。总之，乡镇群众文化在推进乡村群众文化建设这条"链"中，是一个很重要的中间环节。

（四）增强乡镇群众学习的主动性

在大众文化中加入音乐和舞蹈活动，能够使人们更有主动性有意识地去学习音乐、舞蹈等文化娱乐内容。音乐与舞蹈学习和表演都是集体活动，因此群众可以聚集在一起，在浓厚的文化氛围中实现对音乐与舞蹈知识的感知，进而为增强群众学习文化活动的主动性奠定良好基础，同时也

①李冬鸽．新形势下乡镇地区群众文化建设探究[J]．文化产业，2021(34)：142-144.

有利于提升新知识的传播与普及效果。在群众活动中,老年活动是重要组成部分,因此应当调整活动的形式和内容,使其更好地为老人所接受,满足我国老有所乐的发展理念。老人本身对知识的接受比较缓慢,但通过群众文化的融入,能够促使老年人在相互沟通和交流中,加入音乐与舞蹈学习中,进而为提升文化知识,丰富群众文化活动奠定良好的基础。

四、乡镇群众文化建设的阵地

(一)乡镇文化活动的重要载体

乡镇综合文化站是国家设在乡镇的公益性文化事业单位,是乡镇党委政府统筹辖区内文化事业和文化产业发展的工作机构,围绕党和国家文化建设的中心开展文化工作是其首要的工作职责和任务,因此,乡镇综合文化站的所有活动都必须牢牢把握社会主义核心价值体系这一核心,在乡镇综合文化站组织开展的所有活动中,坚持把马克思主义中国化最新成果、以爱国主义为核心的民族精神、以改革创新为核心的时代精神和社会主义荣辱观等以文艺的形式表现出来,融入群众文化活动中去,在更好地保障乡村群众基本文化权益、更加丰富乡村文化生活的同时,潜移默化地实现乡镇综合文化站的宣传教育职能,不偏离乡镇综合文化站组织开展群众文化活动的方向。

目前在相对比较贫困的乡镇,农业产业化水平还很低,工业企业很少,乡村劳动力大量外流,约占人口三分之二的中青年劳动力长年在外打工,日常在家人员是由留守老人和留守儿童组成的“六一九九部队”。因此,乡镇综合文化站要重点建好老年文艺队伍和少儿文艺队伍,发挥好这两支队伍在乡镇综合文化站文化活动开展中主力军作用。

老年文艺队伍一直以来是乡镇中最活跃的队伍,也是主要的队伍,在乡镇综合文化站的日常活动开展中发挥着重要的作用。其主要成因有三:①各乡镇和乡村老年人生活内容单一,时间富裕,可以参与经常性的群众文化活动;②乡村老年人受我国民族民间文化的影响较深,在现代信息相对封闭的乡村,文化活动仍然是乡镇特别是老年人的主要娱乐方式;③老年人在经历了从贫穷逐步走向小康过渡的生活历程中,普遍萌生了追求精神享受的愿望,参与文化活动的热情较高。

在过去乡镇文艺队伍的建设中,我们过多地把目光放在老年文艺队伍的建设上，而忽略了占乡镇相当人口的少儿文艺队伍建设。近年来，我们逐步认识到，少儿文艺队伍是乡镇文艺队伍建设的一支不可忽视的生力军。首先，少儿在数量上与老年人基本相当或超过了老年人数；其次，少儿容易接受新事物，对提高乡镇艺术水平，对乡镇文化活动形式和内容的创新具有积极的推动作用；最后，少儿文艺队伍组建较为容易，组织工作相对简单。

应该说，只要抓住抓好老年和少儿这两支基础文艺队伍的建设，充分发挥其各自优势，乡镇群众文化活动的组织就奠定了坚实的队伍基础。

（二）做到三个结合

乡镇综合文化站群众文化活动的组织，与企业管理一样，不会有现成的模式可以照搬照套，各乡镇综合文化站只能把群众文化活动组织的规律，与当地群众文化工作的实际紧密结合，组织开展富有浓郁地方文化特色的文化活动，才能实现一区一品，才能做到农民群众喜闻乐见，文艺队伍积极参与，乡镇党政满意支持。在活动的组织开展中，要做到三个结合。

1.与传统文化活动相结合

在我国乡村，由于信息相对封闭，整体文化程度相对较低，受外界影响和冲击较小，因而中华传统文化在乡村反而保存最为完整。传统节日、传统文化表现形式在乡村具有较城市更大吸引力和影响力。纯粹的舶来文化，往往如一阵飓风，在带来强烈的新鲜感之后，又很快为人们所抛弃。为此，乡镇群众文化活动的组织开展，必须与传统节日紧密结合起来，与当地的非物质文化遗产结合起来，这样才能更加为广大群众所接受，才能在广大乡村群众中具有影响力和感召力，才能有广大乡村群众的积极参与。如蓬溪县文井镇每年正月十五的撵琪猫的民俗活动，在当地群众中流传久远，经镇综合文化镇组织之后，群众纷纷自发参与，文化建设效果显著。

2.与时代潮流、现代科技相结合

任何时代的文化，都必须与其所处时代的政治、经济相适应，否则，必将被时代所遗弃。乡镇群众文化活动的组织开展也必须与当今时代的潮流、与现代科学技术相结合。紧紧把握时代的脉搏，与时俱进，才会具有持续发展的生命力，才能受到广大乡村群众，特别是广大青少年的欢迎。

实践证明,停滞不前的传统文化活动,在每一个历史变革时期,都会随着时间的推移逐步尘封进历史的记忆,而被赋予新的时代内涵的传统文化,总会在不同的历史时期大放异彩,展现出其新的活力。这一点在非物质文化遗产的保护利用中得到了较好的验证。象山花锣鼓是流传于大英县象山镇的一种民间音乐。大英县文化馆帮助他们在挖掘整理的基础上,结合时代特色进行了大胆创新,不仅受到老年群众的喜爱,连过去对花锣鼓不感兴趣的年青一代和少年儿童也表现出了较强烈的学习热情,该民间艺术在全市文艺调演中引起了较大的轰动。

3.与党委政府的中心工作相结合

在经济发展相对滞后的地区,乡镇综合文化站活动的开展,很大程度还依赖于当地党委政府的支持。乡镇综合文化站的性质和地位,也要求乡镇综合文化站必须围绕当地党委政府的中心工作来开展。各乡镇综合文化站要主动把自身的工作与党委政府的中心工作结合起来,积极为中心工作服务,让党委政府感觉到乡镇综合文化站在乡镇总体工作中的不可或缺的地位和作用,以“有为”争取“有位”。把乡镇综合文化站的群众文化活动与乡镇党委政府的中心工作相结合,可以借助党委政府的力量,更加有力地组织开展群众文化活动,使群众文化活动起到事半功倍的效果。在对各乡镇综合文化站的调研中,我们发现,凡是活动开展较好的乡镇,无不是做到了与党委政府的中心工作有机结合,得到了当地党委政府的大力支持。

乡镇综合文化站群众文化活动的组织开展,既是一门有规律可循的科学,更是一门因地制宜、因人而异、与时俱进的艺术,它只可借鉴,不可照搬。它要求我们每一个文化工作者要充分发挥主观能动性,在实践中探索,在探索中提高,不断为乡镇群众文化的组织发展注入新的内容,不断追求,不断发展。

五、乡镇群众文化建设策略

(一)借助基层组织文化建设,实现计生政策宣传

人口文化是人类在生息繁衍生存、发展过程中逐步形成的文化,同时也是对后续的婚嫁、生育以及生育等发展规律产生直接影响的知识文化。群众文化则是一种以人为主体、以自我娱乐为主导、满足其精神生活需求为目的、以文化娱乐为主要内容的社会历史现象。群众是群众文化建设的

主体,具有广泛性和文化娱乐性。计生委把群众路线作为人口文化建设工作的起点,以此带头推行计划生育,开展宣传教育,并且配套相应的生育服务以及生活安置服务,其更加提倡文明村(居)风,在控制人口、促进农村(居者)两个文明建设中起着不可替代的作用。

人口文化建设是基层计生委的一项重要工作。居民群众加入计划生育协会后,计划生育工作迅速取得了成效。基层计生会经常组织活动,运用舞蹈、音乐文艺宣传宣传栏、标语牌等形式,对妇科病、不孕症咨询计划生育法律等内容进行宣教,能够更好地强化民众的宣教意识。尤其在每年的“5·29”“12·1”等生育教育日,更加需要借助节日的氛围举办大型的宣传活动。例如:市集作为农村人口的集中地,基层计生委可以以此作为宣传基地,通过发放生育小纸条、小知识、宣传册、有奖问答等方式,做好法制、计划生育科普宣传工作。

基层计生协会可以组建以增进家庭幸福,营造和谐人口为主题的文艺晚会,使得民众能够在多元化的主题活动中积极参与新婚育文化建设和文明幸福家庭建设中,切实将树婚育新风为创建新的人口文化的着力点;还可以以群众喜闻乐见的方式宣传计划生育政策,营造浓厚的计生文化氛围,例如:通过快板、相声、秧歌、小品等节目引导周边村(居)的育龄妇女参与到文化汇演中,进而为强化计生主题宣教的效果创造良好条件。

(二)挖掘群众喜闻乐见的文化,突出音乐和舞蹈社会功能

1.加大重视力度,丰富内容形式

为了更好地突出群众文化中音乐和舞蹈的社会功能及文化价值,就需要以满足人民群众精神文明需求为目标展开相应的工作,使群众能够在丰富的形式中感知音乐与舞蹈的乐趣,为优化其艺术素养奠定良好基础。此外,音乐与舞蹈展开的形式也要多样化,以切实推动其发展进步。群众性文化中,舞蹈、音乐包含舞蹈教学、歌唱等不同的表现形式,人们可以根据自身的思想理念,通过创作音乐以及编制舞蹈作品等方式,传达自身的思想情感。因此,在活动中可以鼓励更多人通过音乐、舞蹈来表达自己的思想,从而达到沟通交流的目的。多样化的形式,既可以满足人们的需要,又可以使社会的发展与人的成长需要相适应,减轻人们日常生活的压力,进而提升人们的幸福感。

2.补充专业人员,构建高素质队伍

首先,尽管音乐与舞蹈具有较强的娱乐性,但在群众文化传播的过程中也需要注重其专业性,要鼓励群众活动中的专业化学习。其次,还需要积极引进专业的音乐和舞蹈教学人员,使民众能够在学习的过程中树立先进的理念,进而为构建高素质的群众队伍奠定良好基础。同时,还需要加强文化辅导员队伍建设,努力打造一支专业、敬业、勇于迎接挑战、热爱创新的文化骨干队伍。为了更好地强化辅导队伍的综合素质能力,要通过科学合理的方法,加强专业培训。同时,要引入相关人才,并加入竞争机制,定期对相关工作者的工作情况进行评估,对于考核不及格的人,需要做好专业素质能力的针对性优化,使其综合能力与薪酬待遇实现挂钩,由此更好地提升其职业素养。除此之外,还需要邀请文化领域的专家学者参与到专业培训中,通过参与文化竞赛的方式,提升其整体的业务水平,进而引导群众积极参与到音乐舞蹈的文化活动中间。

(三)发掘基层文化特色,实现多元化文化宣传

乡镇文化馆在进行文化实践工作时,应尽量把地方特色、民族特征结合起来,使得群众文化的创建更加富有新意。目前,我国文化馆在开展文化活动方面的形式比较单一,常常以文艺汇演为主,难以与群众生活产生直接的联系。为了更好地提升文化活动组织开展的效果,文化馆工作人员应对当地文化特点进行深入研究,认真考察本地流行文化,因地制宜,开发出更多受欢迎的文化节目。另外,文化馆应在文化表达方式方面进行创新,推出一些有地方特色的文化节目,以提高节日的艺术趣味。例如:某地成立乡镇新型供销合作社,搭建农产品产供销服务平台。以乡镇采摘季、东芳温泉为主题,开展乡镇美食推荐、特色周末乡街子等系列活动,吸引大量游客到乡镇休闲体验等,使民众参与群众文化的积极性不断提升。同时,在乡村振兴的背景下,文化馆需要将乡村中独具特色的文化以及农业种植成果展现出来,更好地突出乡镇的独有文化特色,进而营造“农业强、农村美、农民富”的文化形态。

第四章 群众文化建设工作的方针与新要求

第一节 群众文化建设工作的方针

一、群众文化建设工作的基本方针政策

满足人民群众日益增长的物质与文化需求，提高整个民族的文化素质，是发展社会主义文化事业的根本目的。国家保障公民平等参与文化活动的权利并大力倡导人民群众参与文化艺术活动。开展群众性的文化活动，为社会主义文化事业整体发展奠定坚实的基础，倡导文明健康的生活方式，建设社区文化、村镇文化、企业文化、校园文化，提高人民群众的文化生活质量，是群众文化工作的主要任务。

按照积极健康、丰富多彩、服务人民的要求，大力开展群众文化活动。健全群众文化工作网络，加强群众艺术馆、文化馆、文化站建设，其基本建设布局是：在地级市以上城市建立群众艺术馆，在县级建文化馆，在乡镇建文化站。经过长期努力，形成一个遍及城乡的群众文化工作网络；创造多种形式，活跃城乡人民群众的文化生活，随着人民群众物质生活水平的迅速提高，城乡人民群众的文化生活也异常活跃。传统的民俗文化和新兴的地区性节庆文化的结合，文化活动和经贸活动的结合，大大地提高了群众参与的热情。城市的假日文化、休闲文化内容丰富，形式多样，群众性文化娱乐活动除传统的吹拉弹唱、书画文学之外，歌舞厅、卡拉OK厅、电子游艺厅等消费型活动和扭秧歌、跳交谊舞等自娱型活动也吸引了广大群众。由一些文化主管部门组织的有专业文艺团体参加的广场文化活动，已成为开展群众文化活动的一个热点；以奔小康为目标，加强农村文化建设，大力推进与小康经济相适应的小康文化建设，是当前农村文化工作的重要战略任务。文化部要求各级文化主管部门以小康文化建设总揽农村文化工作，认真制定规划并切实做到组织、任务、资金、政策四落实，积极

进行农村文化基本设施建设;进一步发展农村电影放映队伍,扩大农村电影市场。①

为了加大群众文化工作力度,文化主管部门与有关部门、地方政府协调配合,策划并实施了一系列重点文化工程,有力地推动了城乡基层文化建设。

二、群众文化建设工作的基本原则

(一)以人为本的原则

该原则强调以满足人民群众基本文化需求、维护人民群众的基本文化权益为出发点和落脚点。

以人为本是群众文化工作的首要原则。坚持以人为本原则,就是要从保障人民群众基本文化权益的基点出发,把为人民群众服务放在群众文化工作的首位。以人为本原则要求群众文化工作必须要准确把握新的时代背景下人民群众对精神文化生活的新需求、新期待,切实维护公共文化生活的公平与正义,使文化发展的成果被全体人民所共享,从而真正实现面向全体人民的公共文化服务。

在群众文化工作中坚持以人为本原则体现为:坚持群众文化活动业余自愿的原则,按照群众的意愿组织开展群众文化活动;以满足群众的文化需求为目标,不断提高群众文化产品和服务的供给能力和质量;坚持把群众的满意度作为评价群众文化工作的根本标准,不断提高群众文化工作的整体水平;发挥群众在群众文化活动中的积极性、主动性和创造性,创造群众参与群众文艺创作的良好环境;提供均等、便捷的群众文化服务,保障群众的合法权益。

(二)公益性原则

该原则强调群众文化工作不以营利为目的,以追求社会效益为目标,由政府承担群众文化服务的经费。

公益性是公共文化服务的本质属性,公民依法享有一定的文化权利,即在公共文化生活中享有公共文化产品和服务的权利。群众文化作为政府公共文化服务的主体内容之一,其所提供的群众文化服务必须是公益性的。从这一原则出发,要求政府主办的文化事业机构必须承担起为群众提

①郭佳. 群众文化建设的价值及方向分析[J]. 文化创新比较研究,2020,4(18):15-17.

供免费的或优惠的群众文化服务的职责。群众文化服务机构的基本特征在于：群众文化服务以追求社会效益为目标，而不以营利为目的，群众文化服务的经费从政府财政经费中列支。这与从事经营性文化服务的文化企业有着本质的不同。

在群众文化工作中坚持公益性原则体现为：免费开放群众文化设施，实现群众文化场所的零门槛进入；无偿提供群众文化活动的场地和设备，开设群众可以参与的各类免费活动项目；协助政府部门选购群众所需的文化产品，完成政府交办的各类文化艺术演出任务；组织免费的基础性文化艺术培训，辅导群众业余文化艺术团队和群众文艺骨干等。

（三）公平性（均等性）原则

该原则强调统筹群众文化事业的发展，保障公民平等地享有群众文化服务，实现群众文化服务的均等化。

公平性原则强调公民在获得群众文化资源、享受群众文化服务方面所应享有的平等权利，包括获取机会、服务内容、服务质量以及服务过程的平等性。群众文化工作的公平性，说到底就是群众文化服务的均等性。群众文化服务必须惠及全民，地域、年龄、性别、贫富以及文化水平高低都不能成为群众均等地获取群众文化资源、享受群众文化服务的障碍。公平性原则要求群众文化工作必须满足不同地域、不同人群的文化需求，将服务面惠及全体人民，使人人都能获得机会均等、质量稳定、公正公平的文化服务。

在群众文化工作中坚持公平性原则体现为：树立人人享有文化权利的理念，提高对群众文化服务普惠性、均等性的认识；按照人民群众不同的文化需求，合理配置群众文化资源和群众文化服务；关注文化基础薄弱、文化资源匮乏的地域和人群，保障基层、农村和特殊人群的基本文化权益。

（四）基本性原则

该原则强调群众文化不可能满足公民所有的文化需求，只能提供进行公共文化鉴赏、参加群众文化活动等基本群众文化服务。

基本性原则强调群众文化所提供的群众文化产品和服务应属于基本性的范围，满足的是群众一般性的文化需求。换言之，群众文化服务所提供的不是群众精神文化生活需求的全部,其超出基本文化需求的部分,不属于无偿提供的范围。对于那些个性化、多元化的文化需求,需要通过市场购买的方式来实现。基本性原则对群众文化工作的要求,就是要积极提供属于群众基本文化需求范围的文化服务。

在群众文化工作中坚持基本性原则体现为:以基本性的群众文化服务为出发点和主体目标,充分保障群众的基本文化权益;提高基本性群众文化服务的质量,保证群众文化服务的满意度;拓宽基本性群众文化服务的范围,坚持以免费的方式加以提供;部分满足非基本性、个性化的群众文化需求,探索合理、优惠的有偿服务方式。

(五)便利性原则

该原则强调在群众文化设施的建设、群众文化信息的获取、群众文化活动的开展、群众文化服务的提供上,要方便人民群众。

便利性原则强调群众文化所提供的服务应当是近距离的、经常性的和容易获取的。便利性的要求涉及四个方面:一是要求群众文化设施布局合理,使群众能够就近前往,省时省力;二是要求群众文化信息快捷畅通,使群众能够及时获取,便于查询;三是要求群众文化活动安排得当,使群众能够随心所愿,经常参与;四是要求群众文化服务程序简便,使群众能够顺利获取,任意选用。便利性原则是以人为本原则的具体体现,也是实现公益性原则、公平性原则的前提和条件。

在群众文化工作中坚持便利性原则体现为:新建群众文化设施应选在交通便利、人口集中的地域,便于群众聚集活动且易于疏散;建设以服务半径为标准的群众文化服务圈,合理延长群众文化设施的开放时间,确保群众文化服务的总量充足;开展送文化下农村、下社区、下基层服务,提供灵活多样、便捷到位的服务;充分利用现代化的信息技术手段,运用网络、电化、影像、数字化技术为群众服务;加强群众文化资源的采集整理,提高远程供给能力和利用水平;关注特殊人群的群众文化服务,为残疾人和老幼群体设置便捷、无障碍的服务通道。

三、群众文化建设与实践的重点

随着我国社会主义经济的健康发展,人们的生活水平得到了显著的提高,开始从对物质生活的追求转向对精神文明的建设。在这一社会形势下，群众文化建设尤为重要，受到了人们的广泛关注。但是在群众文化建设过程中，受到各种因素的限制，导致其依然存在着一些问题，加大了群众文化的建设难度。这就需要我们把控群众文化建设的重点，以求进一步加大群众文化的建设力度。

（一）强化群众文化建设的认识，明确其建设的具体方向

在社会经济发展过程中，群众文化的建设是文化事业发展的重要环节。由于群众文化的建设是面向社会基层具有服务范围广、对象多等特点，这就需要我们在实际工作中重点把控其重点与难点工作，将群众文化的功能充分发挥出来，这样才能够进一步推进社会主义精神文明的建设，满足人们对精神文化生活的迫切需求，推动社会文化的繁荣发展，并且提高国家的知识竞争实力。由此可以看出，在群众文化建设过程中，相关工作人员必须要加强群众文化建设的认识，了解其中存在的问题，然后深入开展群众文化工作。

（二）端正工作者的思想与意识，进一步加强先进、健康的群众文化建设

在现代社会发展中，社会风气是评价社会文明程度的重要依据。要想促进社会经济的发展，满足当前人们对文化的迫切需求，就需要我们在实际工作中树立良好的社会风气，要求我们明确是非善恶美丑的界限，并且在实际工作中大力弘扬爱国爱集体的社会主义思想，端正人们在社会主义发展中的行为，倡导社会主义基本道德规范，这样才能够确保社会风气的良好，从而实现社会的健康发展。在实际工作中，工作者应当树立正确的思想观念，在工作中不断努力形成良好的社会风气，做好充足的反复工作，提高社会主义的凝聚力，从而加强群众文化的建设，进一步巩固社会主义思想文化阵地。

（三）将群众文化的各项功能全部发挥出来，进一步构建社会主义和谐社会

众所周知，群众文化的建设是文化事业建设的重要基础，在实际工作中工作者应当加大文明风尚的培育力度，全面构建社会主义和谐社会，这样才能够加强群众文化的进一步建设。该项工作是群众文化工作者的重要使命，要求对该项工作引起高度重视。在群众文化建设过程中，我们需

要采取措施，让社会广大人民群众积极参与进来，通过开展健康的群众文化娱乐活动，不仅能够让人们身心放松减轻烦恼，还能够加强人与人之间的交流，让人们在活动中体验到快乐丰富人们的休闲生活。另外，在群众文化活动开展的过程中，人们还可以观看或者参加节目演出，让人们在实践活动当中，不仅能够体验到快乐，还能够传承中华民族传统文化，从而推动文化事业的健康发展，促进我国社会经济的进一步发展。

（四）深入认识到群众文化建设的重点与难点通过协调实现同步发展

在我国，城市由于社会经济发展十分迅速，且具有十分雄厚的经济实力，文化设施相对比较健全，建立了图书馆、文化馆、科技馆博物馆等多种文化娱乐活动场所，并且还经常开展各种文艺演出节目，这些都在很大程度上加大了群众文化的建设力度。另外再加上城市在人力、财力物力等方面的投入相对比较大，政府及相关部门对于该项活动的开展引起了高度重视，因此群众文化的建设更具有优势性，并且还确保了群众文化活动的丰富性。

（五）充分发挥辅导和培训作用重视培养人才

辅导培训是群众文化工作的主要任务之一。群众中有各种业余文化艺术团体，有不少文化活动积极分子业余时间自发组织一些活动，但是水平相对较低。群众文化单位要对他们的活动加强辅导，或帮助他们修改提高作品质量，或辅导他们的节目排练或指导、帮助他们组织和开展文化活动，提高他们参与活动的积极性和活动组织能力。同时，要善于从辅导中发现骨干，分期分批分类对他们进行培训，使他们成为组织群众文化活动的人才，更好地带动群众文化活动的开展。只有群众文化活动丰富起来活跃起来，群众参与文化活动的热情才能高涨起来，群众文化事业才能真正实现大发展、大繁荣。

重视人才培养方面：一是解决作品发表上演的出路和报酬问题，设立创作基金奖励优秀作品调动创作积极性；二是引进创作人才；三是群众文化单位从本身的业务人员中培养创作人才；四是在辅导群众文化活动的过程中发现有创作潜力的业余作者加以培养。

（六）推进创新增强活力

体制创新与政府的文化体制改革政策有关主要看是否有利于出精品

出人才出效益。但是不管怎么创新,作为国家公益性文化事业的群众文化,始终把社会效益放在首位,坚持把公益性文化事业作为保障人民基本文化权益的主要途径的原则是必须坚持的,否则人民基本文化权益就得不到保障,这是多年实践检验所证明的。

第二节 群众文化建设工作的要求

一、新的文化发展观对群众文化工作的要求

新的文化发展观明确提出:要以人为本,经济、政治、文化、社会协调发展。文化越来越成为民族凝聚力和创造力的重要源泉,越来越成为综合国力竞争的重要因素,丰富精神文化生活越来越成为我国人民的热切愿望。[①]

(一)推进群众文化的大发展大繁荣

新的文化发展观,对群众文化工作提出了更多、更高、更新的要求,学习运用新的文化发展观,推进群众文化的大发展大繁荣,是做好群众文化工作的前提。

新的文化发展观是科学发展观的重要组成部分,蕴含着十分丰富的内容。李长春同志曾经在全国文化体制改革工作会议上提出,要树立新的文化发展观,必须坚决冲破一切妨碍发展的思想观念,坚决改变一切束缚发展的做法和规定,坚决革除一切影响发展的体制弊端,做到思想上不断有新解放,理论上不断有新发展,实践上不断有新创造。

新的文化发展观的基本要求,是要用文化的视角看发展,用发展的眼光看文化,加快推进公共文化服务体系建设,促进和推动社会主义文化的大发展大繁荣。新的文化发展观对群众文化工作的要求是:坚持以人为本,紧紧围绕满足人民不断增长的精神文化需求,让群众广泛享有免费或优惠的群众文化服务,更好地满足人民多方面、多层次、多样化的文化需求;坚持改革和创新,冲破一切不适合群众文化发展的思想观念、做法、规

---

①王运宝.新文化发展观[J].决策,2010(08):16-19.

定和体制弊端的束缚；注重城乡的协调和可持续发展，增加农村和边远贫困地区的群众文化服务总量，缩小城乡、区域群众文化发展的差距，着力解决流动人口等群体群众文化生活不足的问题；认识和处理好满足基本文化需求与满足多方面、多层次、多样化文化需求的关系，发挥主阵地作用与动员社会力参与群众文化服务的关系，群众文化事业机构改革与群众文化发展的关系等，努力做到两手抓、两加强；不断加强群众文化产品的生产与供给，提高质量，多出精品，提高群众文化的服务能力和服务水平，让人民群众共享文化改革发展的成果。

（二）推进群众文化思想观念创新

推进群众文化思想观念创新，不断深化对群众文化发展的地位、方向、动力、思路、格局和目的的认识，不断解放和发展群众文化生产力，这是做好群众文化工作的关键。不断深化对文化地位和作用、文化发展方向、文化发展动力、文化发展思路、文化发展格局、文化发展目的的认识。

从群众文化的角度来说：认识群众文化工作的地位和作用，是要深刻认识群众文化在公共文化服务体系建设中的地位和作用，把群众文化作为公共文化服务体系建设的重要组成部分，并使其在其中发挥主导作用；认识群众文化发展的方向，是要坚持用社会主义先进文化做引领，用健康向上的文化艺术鼓舞人、感染人，促进群众文化真正为社会进步和人民幸福服务；认识群众文化发展的动力，是要坚持与时俱进和思想创新，不断解放和发展群众文化生产力；认识群众文化发展的思路，是要坚持群众文化的公益性特征，确保群众能够享受文化建设发展的成果；认识群众文化发展的格局，是要构建以政府为主导、以公益性群众文化事业单位为骨干、鼓励全社会积极参与的群众文化发展格局，形成比较完备的群众文化服务网络；认识群众文化发展的目的，是要坚持以人为本的原则，创造更多、更好的精神文化产品，满足人民群众日益增长的精神文化需求，促进人的全面发展，为社会主义建设提供精神动力和智力支持。

总而言之，要做好群众文化工作，需要更新观念，提高认识，使之符合公共文化服务体系建设的要求，适应群众文化工作机制的发展变化。

（三）推进群众文化工作的体制和机制创新

推进群众文化工作的体制和机制创新，逐步建立一种适应市场经济且符合群众文化事业发展规律的新型运行机制，这是做好群众文化工作的保障。

从群众文化工作的现状来看，群众文化体系至今仍在沿用长期以来形成的群众文化工作模式，尚未突破和改变旧有体制上存在的诸多弊端，难以适应构建公共文化服务体系的要求。

要构建完善的公共文化服务体系，要求群众文化工作在五个方面做出改变：

第一，改变过去那种按部门、按行政区划和行政层级配置文化资源的传统体制，改为按服务人口配置文化资源，打破条块分割、地区壁垒、城乡失衡的局面，建立起体现公益性、基本性、均等性、便利性原则的群众文化服务网络。

第二，改变过去那种群众文化事业机构单打独练的局面，形成以政府为主导、以群众文化服务机构为骨干、以社会力量为补充的群众文化运行机制，形成以公益性文化服务为主，以多方面、多层次、多样性文化服务为辅助的群众文化服务机制。

第三，改变过去那种服务面狭窄的管理思路，强化群众文化面向社会、面向群众的服务意识，以满足人民群众的基本文化需求为群众文化工作的基本目标。

第四，改变过去那种缺少规范、制度不严、有章不循的现象，坚持制度创新，建立和完善与群众文化服务相适应的规章制度，培育一支重责任、懂业务、守纪律的群众文化队伍。

第五，改变过去那种面对发展中的困难，“等、靠、要”的工作态度，摒弃旧有的不符合群众需求的服务模式。在公共文化服务体系的背景下，群众文化系统需要进一步探索群众文化服务的新思路、新做法，从整体上改变群众文化的工作状态。

二、群众文化需求的多方面、多层次、多样化对群众文化工作的新要求

多方面、多层次、多样化的群众文化需求，对群众文化工作提出的新要求主要体现在以下三个方面：

(一)以提高服务质量作为工作的重点

群众文化需求的变化,要求群众文化工作在继续解决群众文化服务供给不足的同时,把提高群众文化事业机构服务能力,拓宽服务领域,创新服务方式,改善服务条件,提高服务质量作为工作的重点。

随着社会进步和经济发展水平的逐步提高,人民群众在文化方面的需求也越来越高,相比改革开放之前,人们的文化需求已经有了显著的变化。特别是在建设公共文化服务体系的大背景下,人们日益增长的精神文化需求又有新的提高。

第一,人民群众要求获得更加丰富的群众文化产品和服务。在经济发达地区,群众的文化需求已经达到了较高的水准,而现有的群众文化产品和服务很难满足群众已经增长的文化需求;在经济欠发达地区,特别是老、少、边、穷地区,群众文化产品和服务的供给严重不足,有些地方连群众读书、看报等基本文化需求也难以保障。因此,要求群众文化事业机构能够为群众提供足够数量、足够丰富的群众文化产品和服务。

第二,人民群众要求群众文化服务拥有稳定的质量。群众文化事业机构所提供的有限的群众文化产品和服务在质量上得不到保障,无论产品形式和内容还是服务方式和范围,都与群众多方面、多层次、多样化的文化需求有差距。因此,要求群众文化工作必须顺应群众文化需求发生的变化,努力创作与人民群众生活相关的、群众喜闻乐见的群众文艺作品,提高群众文化产品和服务的供给质量。

第三,人民群众要求群众文化事业机构有更强的服务能力。群众文化事业机构在服务能力上的不足,也在很大程度上影响着群众文化服务水平的提高。因此,群众文化事业机构需要着力了解群众文化需求的变化,根据群众的需求进一步拓宽服务领域,扩充服务内容,创新服务方式,改善服务条件,以提高服务能力和服务水平。

(二)建立群众文化需求的反馈机制

群众文化需求的变化,要求群众文化工作必须加强对群众文化需求的研究,建立群众文化需求的反馈机制,实行按需定供和菜单式的服务方式。

以往的群众文化工作在一定程度上疏于对群众文化需求的研究,要改变这种现状,就需要加强;对群众文化需求的研究。近年来,许多省、市的群众文化部门和机构都针对本地区群众文化生活的需求状况进行了富有实际意义的调研，从文化设施、文化队伍、文化活动和服务方式等多方面掌握了群众文化需求的第一手资料，分析研究了社会经济发展水平，群众的年龄结构、文化程度、工资收入诸因素对群众文化需求产生的影响，为提供有效的群众文化服务做了重要的基础工作，也为改善群众文化服务水平创造了条件。

此外，还要求群众文化工作搭建有利于供需双方信息沟通的媒介平台。即建立起稳定、长效的群众文化需求反馈机制，及时、快捷地掌握处于动态变化中的群众文化需求，并根据群众的需求实现按需定供、菜单式、配送式、超市式等一系列创新型服务。

（三）提高群众文化工作信息的及时性和透明度

群众文化需求的变化，要求提高群众文化工作信息的及时性和透明度，让群众易于获得，方便群众选择自己喜欢的项目，满足群众的不同需求。

群众文化需求不仅体现在获取群众文化服务的内容上，也体现在群众文化服务的获取方式上。因此，适应群众文化需求的变化，还要求提供群众文化服务信息的形式、方法也能适应群众的需求。这种要求体现在以下三个方面：

第一，为群众提供足够丰富的群众文化服务信息。群众参与群众文化活动时需要获取的信息主要包括：引导标识，如群众文化场所的位置标识、活动厅室（活动区域）的分布标识等，以引导群众尽快达到目标位置；服务信息，如服务项目、活动时间、有关规章制度以及各类服务预告的信息，以方便群众适时地参加群众文化活动，了解相关的规定和程序；设备设施使用信息，如为群众所使用的专用设施设备应标明使用方法和注意事项；专门提示，如火警匪警电话、禁止类内容提示、无障碍标识等。

第二，提供群众文化服务信息的方式多种多样。包括：设置固定公告园地，如对于服务范围、服务内容、服务时间、服务公约、服务承诺等基本服务政策，可在醒目位置设置公告园地予以公示；设置公告栏，如对于变更性、临时性的服务信息，可在群众进出易于发现的位置设置专门公告栏予以公告，重要信息应提前一定时间进行公布；利用其他手段公布信息，如利用所设立的网站或在电视台、电台发布消息等方式进行公告。

第三,保证群众获取群众文化信息的及时、透明和便捷。即在帮助群众获取群众文化信息时应做到途径畅通、速度快捷;获取的群众文化信息应内容公开、翔实准确;群众获取群众文化信息后便于选择、手续简便、易于掌握。

三、政府职能转变对群众文化工作的新要求

(一)加强对群众文化的宏观管理

要求各级政府认真履行群众文化工作的职责,转变职能、强化服务、改进管理、明确责任、提高效能,加强对群众文化的宏观管理。以往政府在履行群众文化工作职责时往往将管理者、举办者、资源拥有者等多重角色集于一身,导致在对群众文化工作管理方面存在不少问题。在公共文化服务体系建设的大背景下,需要政府在这一方面做出重大改变,即在职能分工上做到政事分开、管办分离,在实施管理上做到强化服务、提高效能,更多地体现政府对群众文化工作的宏观管理。

从这个意义出发,政府的群众文化管理职责应主要体现在:强化政府的公共文化服务职能,不断适应公共文化服务体系建设的要求;强化服务大局、服务群众、服务基层的意识,提高群众文化的服务能力;加强对群众文化服务机构的管理,完善对群众文化工作质量的监督考核;改进群众文化的管理方式,提高群众文化管理科学化、制度化和规范化水平;加强群众文化队伍建设,提高群众文化工作的服务效能。

(二)加强群众文化的社会管理,支持各级各类文化单位开展群众文化服务

把政府群众文化工作职能由重点放在群众文化事业机构和直接主办群众文化活动,转到对群众文化的社会管理和支持各级各类文化单位开展群众文化服务上来。

以往政府在实施群众文化工作职能时,多是把侧重点放在对所属群众文化事业机构的管理上,而疏于对社会各层面、各系统群众文化工作的管理;另外,在实施管理过程中部分取代了所辖群众文化事业机构的基本职能,直接介入到各类群众文化活动之中,也更多地占用了群众文化服务的有限资金。这种状况的出现,在一定程度上削弱了政府的公共文化服务职能和对群众文化的管理职能,也影响了群众文化事业机构功能的正常发

挥。因此,在公共文化服务体系建设的背景下,要求政府必须准确把握其所承担的群众文化工作职能,将工作的重点放在对所辖区域的社会化群众文化管理上来,放在集中精力支持和帮助各级文化单位开展群众文化服务上来。

(三)建立群众文化事业单位的人、财、物保障机制和绩效评估机制

理顺政府文化主管部门与群众文化事业单位的关系,明确各自群众文化工作的主要内容,建立群众文化事业单位的人、财、物保障机制和绩效评估机制。

政府文化主管部门是在代表政府行使管理、指导和监督群众文化事业单位的职责,反过来,群众文化事业单位是在政府文化部门的主导下完成群众文化服务的具体任务。理顺二者之间的关系,需要进一步明确政府文化主管部门对群众文化事业单位管理的具体事务。一般说来,其对群众文化事业单位的管理事务主要应包括设施设备、法规规划、经费保障、标准规范和监督指导五个方面,具体内容是:加大群众文化事业单位的设施建设,改善群众文化服务的设施设备条件;完善群众文化管理的政策法规,制定群众文化事业的发展规划;加大对群众文化事业单位的投入力度,健全群众文化人、财、物的保障机制;确定群众文化事业单位的功能定位,完善群众文化管理和服务的规范标准;加强对群众文化事业单位的监督检查,完善群众文化工作的绩效考核制度。

第五章 群众文化队伍的建设与管理

第一节 群众文化队伍的组织方法与建设目标

人才是先进的文化与生产力的有力创造者与传承者。人才是我国文化事业健康发展的重要内驱力，群众文化队伍也是国家人才的重要组成部分。加强普通群众文化建设工作，可以更快地推动文化事业的发展。因此，各层的文化机构皆需积极参与群众文化队伍的建设工作。

一、群众文化队伍的组织

（一）各级政府文化部门

根据我国的相关法律、法规和文化政策，本地域群众文化事业机构由各级政府文化部门负责管理。我国现行行政机构的组织方式是：在各级人民政府内设立相关的文化管理职能部门，在同级政府的领导下，负责组织和管理文化方面的行政事务，并实施对群众文化队伍的管理。国务院文化行政部门依据国务院规定的职责负责宏观管理全国文化馆事业。县级以上地方人民政府文化行政部门负责管理本行政区域内的文化馆事业。例如，各级人民政府所设的文化厅（局）、文化委员会分别负责对同级群众艺术馆或文化馆的管理。

（二）各级群众文化事业机构

各级政府设立的群众文化事业机构，即各级群众艺术馆、文化馆、综合文化站，负责承担对本地域内基层群众文化组织和团队的组织、管理、协调、指导和辅导的任务。在同级政府文化部门的领导下，由本级群众艺术馆、文化馆、综合文化站负责组织群众文化的专业人员，根据相应的专业类别和职能，对地域内的群众文化基层组织和群众文艺团队进行组织、管理和日常辅导。同时可建立由馆、站直接管辖的群众文化组织和团队，并定期开展群众文化活动。

（三）上级群众文化事业机构

根据我国群众文化事业的现行管理办法，上级群众文化事业机构与下级群众文化事业机构是业务指导关系，承担对下级群众文化事业机构的业务指导。履行指导职责的方式主要通过业务辅导、培训、调查研究、指导下级群众文化活动等。下级群众文化事业机构需要配合并落实上级群众文化事业机构组织开展的业务活动，完成信息报送、活动组织、作品推荐等具体工作。

（四）人民团体、社会组织设立的群众文化机构

除了政府文化部门群众文化队伍的组织体系以外，工会、共青团、少先队、妇联、残联、老干部管理部门等群众团体、社会组织也设有相应的群众文化机构。这些群众文化机构承担对本系统群众文化组织和团队的组织、管理、协调、指导和辅导的任务。在群众文化队伍的管理实践中，各级政府设立的群众文化事业机构是面向整个辖区所有群众开展群众文化服务，而群众团体、社会组织所设立的群众文化事业机构则只负责对本系统的群众文化组织和团队提供服务。两类群众文化事业机构既有联系，又有区别。妥善处理好两者之间的关系，可以有效地促进群众文化事业的繁荣和发展。

（五）各级政府文化部门及相关单位

随着人民群众文化娱乐需求的不断提高，在公园、街头等公共活动场所出现了许多自发组建的群众文艺团队。这些文艺团队已经成为群众参加文化活动的重要载体，在群众文化活动中发挥着重要的作用。各级政府文化部门，活动场地所在的公园管理机构、街道办事处，应将这些活跃在公园、街头的群众文艺团队纳入自己的管理范围，并有效地进行引导和指导。

二、群众文化队伍的建设目标

（一）为群众文化发展提供坚实的人才保障

人才资源是第一资源。群众文化队伍需要一批有知识、有文化、专业水平高、责任心强、热爱群众文化事业的人才。要使群众文化所需的人才

能够源源不断地充实到群众文化队伍中来，就需要进一步完善群众文化人才的管理体制和用人机制。目前，我国群众文化队伍的人员结构虽然较之以往有了很大的改善，一批专业院校毕业的大学生、研究生不断地补充到群众文化队伍中来。但现行人事管理制度仍有许多不够完善的地方，制约了群众文化队伍的发展和进步。目前国家正在进行的分类推进事业单位改革的工作，将有助于改变群众文化队伍建设方面的痼疾，有利于营造优秀人才脱颖而出的体制机制和社会环境。

（二）建立健全政策措施和制度保障

建立和完善群众文化队伍培养的政策措施和保障制度主要体现在以下几个方面。

1. 规划引导

规划引导即强化对建设高素质人才队伍的职责意识。政府文化部门应成立群众文化人才建设领导小组，制定群众文化人才工作实施规划，将群众文化人才工作纳入基层领导班子目标考核责任制。同时，对群众文化事业要准确定位，在政策法规上规范群众文化人才的发现、培养和使用。

2. 培养选拔

培养选拔就是将群众文化人才按照专业、能力等进行分类，开展有针对性的培养；创新培养方式，采取形式多样的培训方法；通过推行公开选拔、竞争上岗等制度，大胆发现并积极培养群众文化人才。

3. 合理使用

合理使用即坚持以人为本，不断地创新和改革用人机制。实行职业资格管理制度，实行全员聘用制和岗位管理制。杜绝官本位思想，不能把尊重人才简单地理解为让人才当官，去从事领导或管理工作，而应根据群众文化人才的特点，最大限度地用其所长，保证人尽其才；同时，应注意不断提高群众文化人才的政治、经济和社会地位。

4. 科学评价

科学评价即建立社会公认的群众文化人才评价制度和以行业公认的业绩为衡量标准的人才考评机制。对群众文化人才的评价，应按照不唯学历、不唯职称、不唯资历、不唯身份的要求，建立人才综合测评体系，将人才的贡献、业绩、能力作为人才的主要评价指标。

5.创新管理

创新管理即建立起与社会主义市场经济相适应、与促进文化事业大发展大繁荣相适应的人才发展机制和人事管理体制,建立群众文化人才的考评机制、用人机制和激励机制,建立群众文化专业技术人员职业资格证书制度。群众文化专业技术人员职业资格证书是进入群众文化的职业前应取得的职业资格。群众文化专业的从业人员从属于社会文化指导员(师)职业,可将群众文化从业人员按照社会文化指导员职业资格的认定制度分为初级、中级、高级社会文化指导员和社会文化指导师等层级。

(三)加强对从业人员的规范化管理

群众文化从业人员是指在群众文化事业机构中工作并取得工资或其他形式劳动报酬的人员,即各级群众文化事业单位的工作人员。群众文化从业人员大体可分为三类:一是群众文化事业机构的管理人员,即各级群众艺术馆、文化馆(站)的馆长、站长及其他管理人员(职员);二是群众文化事业机构的专业技术人员,即从事群众文化艺术活动及辅导的群众文化业务人员;三是群众文化的工勤技能人员。对这三种人员应当区分情况,采取不同的方式进行管理。这是从业人员规范化管理的重要方面。

对群众文化从业人员的管理,应在建立健全群众文化人才引进、培养、选用工作机制的基础上,针对不同专业和门类的特点,加强分级分类指导,实行动态管理,并不断加大管理力度,注重在实践中发现和培养人才。同时应建立严格的人才绩效考评制度,将群众文化从业人员的工作情况纳入年度绩效目标考核之中。要强化对群众文化从业人员的培训,把培训的重点放在提高思想政治和业务素质以及新形势下提高做好群众文化工作的能力等方面。

(四)吸引各类优秀人才进入群众文化领域发展

群众文化工作的重点在基层。解决基层群众文化人才资源不足的问题,采用鼓励高校毕业生以及专业文艺院团改革中的分流人员到基层从事群众文化工作,是一条重要的途径。例如,农村中"大学生村官"从事群众文化工作,城市中专业文艺院团及社区中的文艺人才在社区中担任文化指导员,都对基层群众文化活动的开展起到了重要的推动作用。①

①杜喜红.基层群众文化活动的现状与文化队伍建设探究[J].边疆经济与文化,2022(07):94-96.

吸引各类优秀人才从事基层群众文化工作还可以采用如下办法:一是对基层群众文化事业机构的空缺岗位实行社会招考录用,特别注重从社会各界发现具有文艺特长和实际工作经验的群众文化人才,通过聘用考核,安排到基层群众文化事业机构去工作。二是在群众文化系统中建立人才选拔调动机制,对上级部门或单位的职位和岗位空缺,可采用从基层群众文化机构选调拔尖人才的办法,以此激励在基层工作的优秀人才奋发进取;即使进入上一级机构工作的群众文化优秀人才,也应鼓励和选派他们到基层锻炼或工作,借以积累工作经验,促进优秀人才的合理流动。三是对于在群众文化领域工作多年的群众文化工作者,应鼓励他们到基层挂职,以此推动基层群众文化工作水平的提高。

(五)建设专兼职群众文化工作队伍

基层文化骨干和文化能人是群众文化队伍的重要构成,也是群众文化工作的有生力量。活跃在社区、农村中的群众文艺团队、特色文化户(家庭)等,都离不开基层文化骨干和文化能人的努力。因此,应当紧紧依靠和充分发挥这些文化骨干和文化能人在基层群众文化活动中的作用,不断壮大专兼职的群众文化工作队伍。

第二节 群众文化专业队伍的管理

一、群众文化专业队伍的基本概念

群众文化专业队伍有广义、狭义之分。广义的群众文化专业队伍是指日常从事群众文化工作的各类群众文化事业单位的工作人员,包括各级文化馆(群众艺术馆)、综合文化站以及人民团体、社会组织专门设立的从事群众文化工作的文化中心(文化宫)、青少年宫等机构的人员。

狭义的群众文化专业队伍,则由群众文化事业单位中专职从事群众文化专业技术工作和管理工作的人员组成,主要包括群众文化从业人员中的第一类人员和第二类人员,即群众文化事业机构的管理人员及专业技术人员。

二、群众文化专业队伍的组建

群众文化专业队伍由各级政府或由工会、共青团、妇联、残联等人民团体负责组建，由各级政府文化部门或各类人民团体、社会组织的相关部门承担人员管理职责。

群众文化专业队伍的组建涉及人员来源、人员构成和人员管理三个方面：

（一）人员来源

群众文化事业单位采取面向社会公开招聘的方式，扩充群众文化专业队伍。公开招聘应坚持德才兼备的用人标准，贯彻公开、平等、竞争、择优的原则，并应根据群众文化业务所需的专业，注重对拟用人选才艺、业绩和实际工作能力的考核。招聘方法为：1.公开发布招聘信息。包括载明用人单位情况简介，招聘岗位，招聘人员数量及待遇，应聘人员条件，招聘办法，考试考核的时间（时限）、内容、范围，报名方法等事项。2.资格初审。根据拟聘条件对应聘人员的资格条件进行审查，确定符合基础条件的人员。3.考试、考核。可采用笔试、面试等多种方式。即根据群众文化专业和拟聘岗位的特点确定考试科目和方法，重点进行专业知识、业务能力和工作技能的考察。一般初审合格者可参加由相关专业机构组织的公共科目笔试；笔试合格者可参加各用人单位进行的专业技能测试或面试；亟待引进的高级专业人才，可采取直接考核的方式招聘。4.复查。对通过考试的应聘人员，进行思想政治表现、道德品质、业务能力、工作实绩等的考核，并对应聘人员的资格条件进行复查。5.拟定人选并公示。即组织相关人员集体研究，按照考试和考核结果择优确定拟聘人员，并在适当范围公示7至15天。6.正式聘用。按照人事管理权限报批或备案，由法定代表人（或受委托人）与受聘人员签订聘用合同，确立人事关系。[①]

（二）人员构成

群众文化专业队伍的人员应由在群众文化事业单位中专门从事群众文化艺术及相关业务的专业人员构成，既包括文化馆（站）的专业人员，也包括其他群众文化事业机构的专业人员。以政府设立的群众艺术馆、文化馆的专业人员为例：根据《群众艺术馆、文化馆评估标准》确定的艺术门类

①吴洪雪．简论加强群众文化人才队伍建设[J]．神州民俗（学术版），2012(05)：98-100.

及相关功能的配备要求，群众文化专业人员应涵盖文学、音乐、舞蹈、戏剧、曲艺、美术、书法、摄影及非物质文化遗产（民族民间文化遗产）、群众文化理论以及演出设备管理、数字化服务设备管理等10个艺术门类及职能。同时要求，群众艺术馆、文化馆应保证各专业门类及功能配备齐全，并保证其中部分门类及职能配备专门人员。每个门类及职能的专业人员数量，可根据群众文化事业单位的具体情况而定。同一个艺术门类的人员配备，应尽量兼顾不同的专业，如群众舞蹈应配备民族舞蹈、芭蕾、国际标准舞等专业人员；群众音乐应配备声乐、器乐、指挥等专业人员。不必强求每一艺术门类的不同专业都配备一名专业人员，群众文化专业人员应能做到一专多能。尤其对于县级文化馆而言，应根据人员编制合理配置相关门类及职能的专业人员。而对于综合文化站而言，由于人员编制的限制，不可能配备艺术门类和职能齐全的专业人员，可根据自身条件和地域特色，优先配备受众群体广泛、群众辅导活动需要的相关艺术门类和职能的专业人员。

（三）人员管理

按照国家关于事业单位管理的相关规定，群众文化专业队伍的管理应实行人员聘用制度和岗位管理制度。群众文化事业单位的业务人员需经过培训考核合格后持证上岗。在专业人员管理上，推行岗位职级管理制度及与之相配套的人员聘任制度、工资分配制度和社会保障制度，将人员由身份管理转变为按岗位职级分类管理。个人待遇与所在岗位的工作量、工作难度、责任大小挂钩，实行级随岗走、薪随岗变，强化绩效管理，鼓励专业技术人员向专业能手发展。在人员聘任上，应按照按需设岗，按岗聘任，签订聘约，优胜劣汰的要求，科学设岗，严格考核，全面推行聘约管理。应根据群众文化专业队伍的不同专业类别、不同岗位，进行分类细化管理，实行不同的考核办法，科学设岗，竞聘上岗，评聘分离，以岗定薪，岗变薪变。打破现行的、单一的职称评审制度，实现群众文化职称资格社会评审、文化馆（群众艺术馆）专业技术职务按岗聘任和社会文化指导员职业资格认证制度三者并行的人员管理制度。

第三节 群众文化社团组织的管理

社团组织是人们为了达到某种目的而组织建立起来的共同活动的群体。群众文化活动是群众业余进行的一种自娱自乐的活动，也是群众文化的载体，群众文化是社团组织的升华。群众文化社团组织通常是群众根据自身的文艺兴趣和专长，按照自愿组合的原则，制定成员共同认可的组织章程，以交流文艺技能、开展文化活动等为手段，以丰富业余文化生活、强身健体、增进人与人之间的感情、宣传地区文化等为目的而组成的群众文化团体。在一般意义上，群众文化社团组织指的就是群众文艺团队。

一、群众文化社团组织的作用

群众文化社团组织的作用主要体现在以下五个方面：

第一，团结凝聚群众文化爱好者。群众文化社团是人们为了满足自身的群众文化需求而建立起来的共同活动的组织，它通过群众文化固有的沟通效能、吸引效能和激励效能，促进社团内部与外部的相互交流，起到团结凝聚群众文化爱好者的作用。许多群众文化社团都是凭借这种特殊的作用，从最初的几个人、十几人，而逐渐扩展为几十人甚至几百人，吸引了越来越多具有相同志趣的群众文化爱好者参与其中。

第二，搭建群众参与文化活动的平台。群众文化社团选择相对固定的活动场所，作为经常开展聚集性活动的地点，是一种具有特殊效益的群众文化活动平台。这一活动平台的建立，不仅使社团成员有了彼此认同的活动去处，而且通过社团组织的活动带动和感染了更多的群众参与群众文化活动。

第三，推动群众文化活动的开展。群众文化社团的活动，可以推动群众文化活动的广泛开展。政府文化部门和社会文化机构举办的各类群众文化活动，往往需要群众文化社团的参与。而群众文化社团自身具有的组织性和活跃性，也为主办方举办群众文化活动提供了诸多便利条件。群众文化社团通过对文化艺术的传播和传递，能够有效推动群众文化活动的开展。

第四,提高群众文化活动的水平。群众文化社团有共同的审美需求和荣誉感,活动较为频繁,加之骨干成员的号召力和专业力量的指导,可以发挥团队的整体优势,有效地开展学习、交流、排练、演出等活动,有助于群众文化活动水平的提高。

第五,促进社会成员间的和谐。群众文化社团依据共同的志趣和爱好,通过经常和有益的活动,能够在公共活动场所发挥很强的正能量。不仅可以有效地增进人际交往,消除潜在矛盾,还能增强团队成员的社会荣誉感和集体荣誉感,能够起到促进社会和谐的作用。

二、群众文化社团组织的特点

群众文化社团的特点体现在以下六个方面:

第一,群众参与的广泛性。群众文化社团组织数量众多,能满足不同年龄、不同层次人群的文化娱乐需求,并吸引众多群众文化爱好者参与其中。群众文化社团的准入条件一般较低,凡基本符合社团条件的人都有机会加入。其活动内容丰富,多以文学、音乐、舞蹈、曲艺、戏曲、小品、书法、美术、摄影等文化艺术类别为主,也有灯谜、集邮、手工技艺、读书会等群众喜闻乐见的活动样式。

第二,社团组建的自发性。群众文化社团大多以群众文化积极分子为骨干自发组建,并依赖团队骨干的积极性而生存。这种自发性主要源于对文化艺术的热爱以及学习、提高、交流和展示的需要,以达到审美教育和自我开发的目的。群众文化社团自发组建、自愿参加、自我管理的模式,有助于团队的自我成长和发展。但作为群众文化机构组建的群众文化社团,需接受所属群众文化机构的登记备案和监管。

第三,社团成员的内聚性。群众文化社团均具有一定的内聚力和行为的一致性,并有一定的行为规范和约定俗成的奖惩规范。在群众文化社团内部,由于技艺专长、组织协调能力和综合素质等因素而自然形成的有威信的核心人物,拥有一种自然的影响力。这种影响力的作用,可形成比较显著的内聚力,即在核心人物周围拥有一批自觉维护社团核心利益和目标的骨干成员。在这些骨干成员的带动下,社团成员具有较强烈的集体意识和从众倾向。

第四,活动规律的灵活性。群众文化社团的参加成员、活动方式和活动地点处于相对稳定的状态，但受外部环境制约时易发生改变。由于群众文化社团的活动基本都属于业余的性质，多是在工作、学习之余或在离退休之后的闲暇时间进行，因此对时间和精力以及对活动的要求都比较宽松，受主客观条件的制约较少，活动相对比较灵活。

第五，组织者的权威性。一般群众文化社团的组织者均有一定的号召力和影响力。这是因为群众文化社团的组织者一般都是社团的倡导者、发起者，在社团中具有较强的专业艺术技能和活动组织能力，有较强的人际关系，在社团中拥有较高的威信，是社团的灵魂人物，在一定程度上制约着社团的进步和发展。此外，由于社团是自发、自愿形成的，以共同的兴趣、爱好和追求等精神需要为凝聚力量，以感情和共鸣为纽带，在这样的群体中，组织者多无偿付出，精力投入巨大，这在一定程度上决定了组织者所具有的权威性。

第六，保障条件的不确定性。群众文化社团自发形成的性质决定其潜在的不确定因素。加之一般群众文化社团均存在着成员不固定、需求不稳定、经费无保证、任务不确定的情况，在很大程度上加剧了这种不确定性。特别是由于没有固定的经费来源，活动场地和设备也没有保障，大多群众文化团队处境艰难。随着各级政府对群众文化社团重视程度的提高，群众文化社团在活动场地、业务辅导等方面的基本保障条件有所改善，社团自身也大多利用公园、广场等公共场地开展活动，但这种潜在的不确定性仍然在很大程度上制约着社团的生存和发展。

三、群众文化社团组织的组建

群众文化社团从性质上说属于社会团体类别，但与政府有关部门和其批准授权成立的政治性社团组织不同。群众文化社团可以由有关部门和单位负责组建和管理，也可由社会成员自我组建和管理。群众文化社团一般与当地政府文化部门没有行政上的隶属关系，但需接受政府文化部门的管理、指导和监督。群众文化社团组织的组建主要有以下五种类型。

（一）由群众文化事业单位组建和管理

即由文化馆、文化站、青少年宫、工人文化宫、老干部活动中心等群众文化事业机构组建和管理的群众文化社团。这类社团一般要求在群众文化事业机构备案，具备一定的专业水准，活动也较为正规。

以文化馆办群众文化社团为例，这类社团分属不同的艺术类别，组建和管理的难易程度也有差异，大致分为三种模式：第一种，由具有相应的文艺专业背景的文化馆业务人员具体组建和负责日常管理，社团负责人及一切活动和管理均由文化馆业务人员负责，需要相关人员倾注大量的时间和精力；第二种，社团已经具有一定的规模和实力，有自己的组织机构和负责人，文化馆只负责安排业务人员进行辅导；第三种，挂靠在文化馆的社团，其内部组织机构比较健全，日常只需利用文化馆的设施场地并以文化馆的名义开展活动，文化馆只实施检查指导，保证活动方向，提供必要的服务。

（二）由街道、乡镇一级机构组建和管理

即由街道（政府派出机构）、乡镇政府委派相关职能部门组建和管理的群众文化社团。这类社团一般承担协助当地政府完成文化宣传方面的任务，在当地组织开展的群众文化活动中，以地域群众文化团队的名义参加，由当地政府部门给不定形式的资金或物力支持。随着政事分开、管办分离等的进一步深化，街道、乡镇政府需改变管理方式，主要通过行政、经济等手段进行宏观管理。

（三）由社区居委会、村委会组建和管理

即由社区居民委员会、村民委员会为活跃地域群众文化生活而组建和管理的群众文化社团。社区居委会和村委会均属于自我管理、自我教育、自我服务的基层群众自治组织。其组建的群众文化社团多为满足群众自娱自乐，组建程序简便，限制条件较少。这类社团在实行自我管理的同时，一般由社区（村）文化室具体负责日常管理。

（四）由企事业单位、社会团体组建和管理

即由企事业单位、社会团体为满足建设企业文化的需要而组建的群众文化社团。这类社团的主要功能为展示企事业单位、社会团体的对外形象和精神风貌，增强内部的凝聚力和向心力。一般由工会或相关部门进行管理。

（五）由业余文艺骨干组建和管理

即由群众文艺骨干个人根据自己的志趣和专长自发组建和管理的群众文化社团。这类群众文化社团主要利用公园、广场等公共场地，有时也利用组织者的个人住所开展活动，社团活动以自娱自乐为目标，以感情为纽带，组织管理相对松散，组织成员处于动态变化之中。

群众文化社团中的一部分社团相对比较正规，有的已登记为面向全社会的法人社团组织；但多数社团均只在地域群众文化管理部门备案，纳入地域群众文化的管理范围，以业余群众文艺团队的名义开展活动；还有部分社团未进行登记和备案。相对正规的群众文化社团一般具有一定的组建规范，内容包括：自觉遵守国家的法律、法规，有相对明确的社团名称和组织管理机构，有相对稳定的社团成员，有相对可以利用的场地作为活动阵地，有相对稳定的活动时间和活动规范等。

需要登记为面向全社会的法人社团组织，一般需要具备如下条件：1.有50个以上的个人会员或者30个以上的单位会员；个人会员、单位会员混合组成的，会员总数不得少于50个；2.有规范的名称和相应的组织机构；3.有固定的住所；4.有与其业务活动相适应的专职工作人员；5.有合法的资产和经费来源，全国性的社会团体有10万元以上的活动资金，地方性的社会团体和跨行政区域的社会团体有3万元以上的活动资金；6.有独立承担民事责任的能力。社会团体的名称应当符合法律、法规的规定，不得违背社会道德风尚；并应与其业务范围、成员分布、活动地域相一致，准确反映其特征。地方性的社会团体的名称不得冠以中国、全国、中华等字样。

四、群众文化社团组织的管理目标

对群众文化社团的管理，首先，应强调自治管理，即努力完善各项管理制度和规范，不断在社团演出（展示）、场地、经费等方面拓宽渠道，促进自身的健康发展。其次，各级政府文化部门应发挥管理职能，探索群众文化社团发展的长效机制，通过例会、研讨、表彰等手段，激励团队的建设与发展。最后，群众文化事业单位应加强对群众文化社团的辅导与服务，从提高艺术水平和质量的角度抓好团队业务知识和技能的培训，搭建群众文化社团展示和交流的平台，积极扶持并促进群众文化社团的进步。

群众文化社团的管理目标主要可设定为六个方面。

（一）活动方向

要求活动内容和形式积极健康，符合社会主义先进文化和社会主义核心价值体系的要求。即坚持二为方向,“双百”方针,弘扬主旋律,提倡多样化,根据群众文化社团的门类或内容,开展有益于人民群众身心健康和思想情操的活动,把握正确的群众文化活动方向。

(二)日常活动

要求坚持日常活动,参加的成员达到一定的比例,活动有计划、有内容、有记录、有检查。团队每年要有年度工作计划和年度总结,有团队展示活动。日常活动是社团组织存在的重要基础,也是成员之间相互学习、提高和沟通信息的平台。日常活动一般应围绕文化艺术的创作、排练、培训和欣赏进行,并根据社团的不同门类的要求,安排符合艺术规律和特点的活动内容。例如,摄影门类社团的日常活动应以展示、评审会员的摄影作品为主;合唱队的日常活动应以发声练习和歌曲排练为主;舞蹈队的日常活动则应以基本功训练和舞蹈作品的排练为主。

(三)服务群众

要求经常开展服务地区群众的公益性展示活动,在地域群众文化活动中有一定的受众面和影响力。即根据所属地域或机构的群众文化活动安排面向社会、面向群众的公益性的展示活动,有时也可根据活动需要自主举办公益性展示活动,借以丰富和活跃辖区群众的业余文化生活。

(四)品牌特色

即要求具有一定的文化艺术特色,拥有一定的活动品牌。群众文化的活动品牌都是经过多年积累,并在内容和形式上不断创新而逐步形成的。品牌在一定意义上就是群众的口碑。群众文化团队的品牌应根据团队的艺术门类,打造具有鲜明艺术特色和反映地域生活的原创作品或活动项目,并通过参加或举办的演出、比赛、展览等活动加以推广,根据群众的意见不断完善和提高,使之得到群众的喜爱,并产生较好的社会影响。①

(五)硬件条件

即要求有较稳定的活动排练场地和辅助设备。群众文化社团应当拥有较为稳定的活动排练场地,这是社团活动的基本条件之一。根据社团的活动特点和规律,动态类社团的活动可安排在室内进行,也可安排在室外

①陈晓,陈谦.创新群众文化服务,打造群众文化品牌[J].文化产业.,2022(16):163-165.

场地进行，而静态类社团的活动则多安排在室内场地进行。公园、广场等公共区域是许多群众文化社团经常利用的室外活动场地，但季节、气候的变化在一定程度上会影响到社团活动的正常进行。因此，各级群众文化机构或组织应为解决群众文化社团活动场地的问题提供必要的帮助。此外，群众文化社团还应配备一定的辅助设备，如必要的服装、道具、音响等。在这一方面，政府所设的群众艺术馆、文化馆（站）应把为群众文化社团提供活动场地和设备作为免费开放的内容之一。

（六）创编能力

即要求具备一定的创编能力。创编能力是对较高水平群众文化社团的要求。创编群众文化作品应与社会形势和工作重心、与当地群众的生活实际紧密结合，采用群众喜闻乐见的、反映地域文化特色、与社团艺术门类相适应的形式，突出作品的原创性和生活化，为地域的建设和生活服务。群众文化社团应吸纳具有创编能力的群众参加，根据社团的能力和条件创编一定数量的群众文艺作品，并投入排练和演出。

第四节　群众文化骨干队伍的管理

在群众文化工作中，做好基层骨干培训与队伍建设工作，是满足人民群众文化需求的重中之重。群众文化服务工作有很多内容，然而纵观每一项工作内容，乃至整个公共文化服务体系的建设，都与基层骨干有着不可分割的关联。可以说，基层骨干队伍为群众文化服务工作奠定了坚实的基础。事实证明，拥有了稳固的、日益壮大且常保活力的基层群众文化队伍人才，群众文化事业就会更繁荣，为公众提供文化服务的能力也就越强大。

一、群众文化骨干的特征

群众文化骨干是群众文化活动的基本力量，在群众文化活动中发挥着中坚和带头的作用。群众文化骨干具有三个方面的特征。

第一，热爱群众文化，以满腔热情投入群众文化工作。热爱群众文化是群众文化骨干最根本的动力来源，并在群众文化活动中能够激发和展示自己的全部能量。

第二,具有一项或多项文化艺术专业技能,愿意以己之专长帮助他人。群众文化骨干一般具有较高的专业文化艺术水平,在群众中有很高的威信和影响力,具有表演示范能力和辅导指导能力。

第三,具有较强的组织能力,能够鼓动和引导他人参加群众文化活动。群众文化骨干在群众文化活动中大多集组织者、辅导者和管理者于一身,有较强的组织协调能力。群众文化骨干作用的发挥,一定程度上制约着群众文化活动的兴衰。

二、群众文化骨干队伍的培植

群众文化骨干队伍需要进行有目的、有计划的培植。培植群众文化骨干队伍主要包括以下几个方面的内容。

第一,提高群众文化骨干的业务水平,给他们提供参加各种培训、交流、表演和深造的机会。群众文化骨干虽然热爱群众文化艺术,具有一定的群众文化艺术特长,但很多人没有系统地学习过文化艺术专业知识和技能,需要不断地充实知识和提高水平,往往对参加培训、交流、表演、深造的要求十分强烈。因此,各级群众文化事业机构应定期对他们进行培训,为他们创造更多的实践和深造的机会。①

第二,对群众文化骨干组建的或在其中发挥重要作用的群众文化社团,在场地、师资、设备等方面给予积极的扶植和帮助。群众文化骨干和他们所组建的群众文化社团在群众文化活动中发挥着十分重要的作用,因此各级政府文化部门和各级群众文化事业机构应根据群众文化骨干和他们所在的群众文化社团的水平、层级、活跃程度、贡献等因素,在活动场地、师资、设备等方面给予不同程度的扶植和帮助,并提供必要的辅导和服务。

第三,采用表彰、命名和奖励等手段,调动群众文化骨干的积极性。表彰、命名、奖励等手段对群众文化骨干有着重要的激励作用,也是对其进行管理的有效手段。各级政府文化部门和各级群众文化事业机构应分别从组织管理和业务管理的角度,采用多种方式进行表彰、命名和奖励。

---

①许钰民,吴维. 群众文艺专业建设的思考——以人才培养目标为视角[J]. 苏州教育学院学报,2014,31(06):102-104.

三、群众文化骨干队伍的考核

(一)考核时间

对群众文化骨干队伍应定期进行考核。考核周期以一个年度考核一次为宜。根据一般的工作常规,可选在自然年度结束后的时间段进行。

(二)考核内容

对群众文化骨干的考核主要可安排三项内容:

第一,个人群众文化专业知识和技能的考核。主要考核个人专业特长方面的知识和技能,如舞蹈、音乐、戏剧、理论、组织等方面的内容。

第二,个人参加群众文化活动业绩的考核。主要考核个人年度内取得的成绩,如参加相关群众相关文化活动所获得的奖项、表彰,发表(出版)个人作品(专著)等内容。

第三,个人参加群众文化培训学习情况的考核。主要考核个人各类参加辅导、培训的情况,包括所学的知识、学习体会以及考勤情况等。

考核应以群众文化专业水平和能力为重点,目的在于准确掌握群众文化骨干的专业水平,及时获得群众文化骨干的需求信息,以调动群众文化骨干的积极性,更好地为其提供帮助。

(三)考核方式

群众文化骨干队伍的考核可采用总结、考试、问卷、评比、测评等多种方法。考核结果应与表彰奖励结合。考核方式应采取灵活、多样的形式,可根据不同类别、不同艺术专长的群众文化骨干采取不同的方法。例如,针对群众文化(艺术)社团的负责人,可采用总结、交流的方法;对于一般骨干成员,可采用考试、问卷的方法;对于相同艺术门类的骨干,可采用比赛、评比的方法。对于考核中的优秀者,应当在进行精神奖励的同时,给予一定标准的物质奖励。

第六章 群众文化建设与公共文化服务体系

第一节 公共文化服务体系概述

一、新公共服务理论

(一)基本内涵

新公共服务理论主要由美国Robert B.Denhardt夫妇提出。新公共服务理论的基本内涵如下:1.服务而非掌舵。政府的核心职能与私营企业、非营利组织一起,为公共问题寻找解决办法,为促进公共问题的协商解决提供便利。政府的角色应从控制者向服务者转变。2.公共利益是目标而非副产品。政府在制定社会远景目标的过程中,应建立集体的、共享的公共利益观念。通过广泛的公众对话和协商过程,建立具有广泛基础的社会远景目标。3.战略地思考,民主地行动。吸引社会各方力量来主动实施计划,而非仅仅依靠政府力量来执行。4.服务于公民而不是顾客。公共人员回应的是公民需求而非仅仅是顾客。5.政府职责的复合性与多元化。民主公民权和公共利益是政府职责的基础和目的。政府责任是复合性和多元化的,除了法律和政治责任外,政府应承担起一系列的专业责任和民主责任,关注社会价值观、职业标准和公民利益。6.重视人而不只是生产率。更加关注人的高层次精神、心理需求,如尊重、包容、信任等。7.重视公民权和公共服务。新公共服务理论认为政府为公民所有,公共资源的真正所有者是全体公民。当今社会生活的复杂性使得掌舵者式的政府官员角色难以为继,而应充分尊重公民的权利并给予公民参与公共政策制定的自由。政府应该鼓励公民积极参与政策的制定和执行的过程。

(二)指导意义

新公共服务理论对民主公民权的重视、对公共服务与公共利益的强调、对社会价值的关注、对政府职能的重新定位等方面，都为公共文化服务标准体系的制定与实施提供了很好的借鉴和理论支撑。公共文化服务标准体系的制定与实施过程中，应注重以下方面：①政府应为公共文化服务标准的制定与实施提供良好的政策法规环境；②应鼓励社会各界力量参与公共文化服务标准的制定；③公共文化服务标准的制定应以人为本，体现公众的文化需求，保障公众的文化权利；④公共文化服务标准的目标应为实现公共利益，创造社会效益；⑤公共文化服务标准的实施需要政府和社会各界力量共同参与、共同监督。

二、文化权益与文化治理的关系

公共文化服务的目的是保障公民基本文化权益，因此，这就涉及文化权益与文化治理两者之间的关系。关于文化权益，学界很多研究中将其称作文化权利。文化权利的基本内涵应该是公平性，公平性具有丰富的内涵，其中包括平等享有公共文化服务、科学文化进步、参与文化生活与文化创造、参与文化政策制定等方面的权利，这从法律角度为文化权利作了界定。

相较文化权利，文化权益更突出其公益性，而弱化了自利性，但文化权利与文化权益在法律意义上都是代表着公民在文化社会生活中神圣不可侵犯的自由和利益。公民基本文化权益包括平等参与文化活动、享受文化成果、进行文化生活、接受基本文化培训和教育、文化成果收益得到平等保护等权利。

文化权益和文化治理概念的提出，代表着学界在公共文化服务领域的较新研究成果，名词概念的推陈出新绝不仅仅是使用上的区别，而是公共文化服务体系建设在观念上的革新。

三、公共文化服务体系

（一）公共文化服务体系的内涵

公共文化服务体系是指以政府为主创办的非营利性的、普及文化知识、传播先进文化和保障大众基本文化需求的各种文化机构和服务的总和。建立与完善公共文化服务体系是中国文化体制改革的重要内容和文化建设的重要目标。大力发展公共文化事业，建立覆盖全社会的公共文化服务体系，是繁荣社会主义先进文化、构建社会主义和谐社会的必然要求,它对提高全民族的思想道德和科学文化素质、建设富强民主文明和谐的社会主义现代化国家具有重要战略意义。①

公共文化服务活动是动态的系统化工程,而不是单一地执行一个行动和任务,内涵丰富,因此,把握其内在体系性成为一个非常重要的问题。对此,金武刚等认为,公共文化服务的体系标志包含五个内容:一是有覆盖所有人且形式多样的设施网络体系,二是有政府主导多样化的产品供给体系,三是有强有力的人才、技术和资金等方面的保障体系,四是有完善的组织建设支撑体系,五是有科学有效的运行评价评估体系。分析新时代公共文化服务体系所应构建的基本标准,包括从基本标准到优质标准的动态调整的标准化、从低水平均等到高水平均等的循序渐进的均等化、从效益和效率导向到整体效能考量的综合化高效能、从充分参与到有效获得的真切实在的获得感等。

(二)公共文化服务体系的内容与方式

文化产品以及文化服务的内容与提供方式是公共文化服务体系建设的核心命题,公共文化服务最终需要落实在具体的内容和形式上。

1.服务内容

公共文化服务首先应该满足大众对于文化产品、服务的需求,公共文化服务的内容体系可分为以传统文化为核心意义的公共文化内容体系和以现代数字技术为支撑的公共文化内容体系,公共文化内容体系建设是民族元素再创造的基础,一方面以多元民族文化精髓充实文化内容体系,另一方面以公共文化服务体系搭建民众文化创新平台。以社会主义核心体系建设和文化强国建设为依托,指出公共文化服务内容体系的核心是中华优秀传统文化能够把中华民族文化基因传承下来,把中华优秀传统文化的历史渊源、发展脉络、基本走向、独特创造、价值理念、鲜明特色讲清楚、讲明白并有效传承,是公共文化服务体系能否构建完善的关键环节。为此,以中华传统古籍为依托,通过总结中华优秀传统文化的核心精神价值,探索开展全民阅读活动,打造地域传统文化研习基地,建构数字化古籍资源库等形式,将中华优秀传统文化贯穿公共文化服务始终。

2.服务方式

在服务方式方面,以农家书屋的发展历程为例,指出农家书屋在建设

①刘敏.公共文化服务[M].北京:中国经济出版社,2019.

发展过程中存在着区域发展不均衡，设备完备度、覆盖率和利用率低，保障投入资金制度尚未建立，图书更新慢，书屋维护人员待遇不足，图书配置不齐，资产保管不严等问题，应构建合理的农家书屋服务体系，并建立以区域图书馆联盟为中心的农家书屋经费、人才和技术保障体系，构建农家书屋建设目标考核责任制和运行评估指标体系。除此之外，以公益讲座推广、以文化惠民工程、以儿童阅读推广为切入点，分别探究了公共文化服务的创新形式。

公共文化服务形式应提倡精准供给的理念认为公共文化服务的供给主体必须全面、准确掌握需求主体的特点和规律，才能最大限度地满足需求主体的现实需求和根本利益，才能实现公共文化服务供给侧与需求侧的高度吻合，才能实现公共文化服务的精准供给。为此，他以文化上海云、浙江的文化有约、黑龙江的街角文艺等为例，阐释公共文化产品和服务精准供给智慧平台建设的必要性。

（三）公共文化服务体系的地位与作用

加强公共文化服务是实现人民基本文化权益的主要途径，推动社会主义文化繁荣，必须要建立覆盖城乡、结构合理、功能健全和实用高效的公共文化服务体系。从建设公共文化服务体系的重要性、公共文化服务体系建设取得的成效以及存在的问题出发，提出推进文化体制改革，提高公共文化服务水平，发展公共文化产品和开展公共文化活动，从而得出公共文化服务体系与群众文化工作。

文化是推动经济发展的重要杠杆，同时也代表着一个国家和民族的文明程度、发展水平。在全球化的今天，文化体现着国家的软实力，反映其国际竞争力。十七届六中全会在全面总结我们党文化建设经验的基础上，确定了中国社会主义文化发展的总体战略，提出了如何加强党对文化工作的领导、深化文化体制改革、发展文化产业、建设公共文化服务体系等一系列具体措施，这标志着社会文化自觉和社会文化自信达到了一个新的高度。因此，构建公共文化服务体系是全面贯彻落实科学发展观的重要战略思想，是繁荣社会主义先进文化、建设社会主义和谐文化的必然要求，是实现文化强国的重要举措，也是发展好、维护好和实现好人民群众文化权益的主要途径。

加强公共文化服务体系建设，有利于促进人的全面发展，提高全民族思想道德和科学文化素质、建设富强民主文明和谐的社会主义现代化国家。加强公共文化服务体系建设，繁荣文化事业，是实现文化大发展、保障人民文化权益、满足人民群众文化需求的惠民工程，是坚持科学发展观，构建社会主义和谐社会的内在要求。建立公共文化服务管理体系，以改革为动力，以发展为主题，实施精品战略，优化文化资源配置，培养优秀文化人才队伍，建设功能齐全的文化服务设施，提高公共文化为人民群众服务的水平，基本形成覆盖城乡的公共文化服务体系。

（四）公共文化服务体系的基本特点

公共化，是指公共文化服务体系是以实现公民文化权利为基本出发点，面向所有公众的基本文化需求，不是选择性的文化消费。以公共设施开展公共活动，其服务对象和参与活动的主体是人民大众，其本质是全体公民共同享有。

公益化，公益即公众受益，公共文化服务体系建设是政府保障人民群众的基本文化权益，丰富人民群众文化生活的基本途径，实现人人都享有基本公共文化服务的目标，向公众无偿或低廉地提供公共文化产品和服务，坚持为公众服务、使公众受益的公益性质，不以追求经济效益为目的，注重社会效益，注重为社会可持续发展提供公共利益的保障，因而是公益性的，即使有一定的经营性，也是不以营利为目的的。

社会化，一是社会力量广泛参与公共文化建设，二是公共文化服务面向社会整体，体现均等性和统筹发展。公共文化服务体系具有公共性属性，体现在文化部门的行政管理活动中，具有逐步扩大城乡文化事业、文化产业等领域社会化范围；健全和完善各类文化协会和中介组织，使他们有能力承接政府转变的职能；积极调整文化职能结构，把社会管理和公共服务放在突出位置；加强文化决策职能，建立完善文化部门与企业、社会对话沟通的制度等特性。目前，运用政策引导、表彰奖励、评估体系，绩效考核等手段，导向文化事业发展，并鼓励和扶持社会力量兴办公益文化的案例不胜枚举，取得了明显成效。

系统化，是指公共文化服务体系是一个有序的、相互联系、相互依存的有机整体。构建公共文化服务体系是一个系统工程。公共文化服务体系的系统性是文化工作服务的根本属性。需要树立系统整体的观念，从政策性、科学性、统筹性、创新性等方面整体推进，科学发展。构建公共文化服务体系，首先要明确各级政府是责任主体。推进公共文化服务体系的创新，包括观念创新、管理创新、技术创新、机制创新，努力实现公共文化服务的制度化、公共化和社会化。其次，服务设施和网络的分布更加科学化。再次，建立规范的工作机制。一方面要建立健全一整套文化管理与文化服务的运作标准、运作原则、运作程序；另一方面是建立责任追究制度和群众参与机制。最后，不断提高管理水平和服务水平，建立与社会主义市场经济体制相适应的公共文化服务的核心价值观，就是以人为本、以人民为中心的服务观念。管理就是服务已经开始确立为各级文化部门的根本理念。逐步实现由管理型政府向服务型政府转变，由办文化向管文化转变，由管理本系统文化部门向管理社会文化转变，由小文化向大文化转变，由文化治理服务模式向文化与社会合作的治理模式转变，由被动服务向主动服务转变。

四、公共文化服务保障体系

公共文化服务保障体系是维持公共文化服务顺利开展、有效实施的必要条件，它并非简单的经费上的保障，而是一个完善的体系，包括了政府作为责任主体的保障、公益性文化组织作为服务主体的保障、法律保障、财政保障和考核评价保障五个方面。

（一）政府作为责任主体的保障

《公共文化服务保障法》的颁布，体现宪法赋予公民基本文化权利，因此，政府主导公共文化服务是履行基本职能的体现。公共文化服务作为国家提供的公共服务的重要组成部分，必须由政府承担起责任主体的功能，提供的公共文化服务要立足于均等性和普惠性，从而保障人民群众的基本文化权益。

根据公共文化服务体系建设的内容（制度安排、政策制定、产品和服务供给、评估评价等），认为政府应该就是公共文化服务建设的唯一责任主体。杨泽喜认为，我国社会主义制度决定了政府应负有建设公共文化服务体系的责任，同时，民间资本融入热情不高的现实也影响着政府的建设责任，政府主体责任缺失导致了一系列不良后果，因此，必须明确政府的建设主体责任。

（二）公益性文化组织作为服务主体的保障

公共文化服务的有效实施单靠政府是无法完成的，这就必须依靠相应的文化组织。作为基本公共文化权益的保障者，各级各类公益性文化组织成为公共文化服务的主要承担者，如图书馆、文化馆、博物馆、文化站等三馆一站。

学界对于三馆一站等公共文化服务主体的称谓并不统一，但研究范围基本上涵盖了目前主要的服务主体。关于三馆一站等的研究主要集中于功能定位以及与其他文化机构的融合发展方面，也有的涉及发展理念等问题，如刘舜强指出，当下博物馆（院）建设应该从现代性出发对自身进行功能定位，并提出博物院现代性这一概念，认为博物馆（院）应该不断扩充自身功能定位，成为人类文化遗产保存地、社会教育基地、文化科技知识传播场域、文化消费场所，以提升国民综合文化素养。

在公共文化服务体系建设中，城乡一体建设是保障人民基本文化权益的主要目标，但在实践中，基层公共文化服务的不足无疑是一个无法回避的现实。对此，陈世香等提出，基层社区文化中心建设发展的技术路径，包括培育公民的主体意识，实现参与主体社会化，推动社区文化服务转型、参与机制社会化、监管评估社会化等。姜瑞娟认为，基层文化中心发展存在着城乡发展不均衡、设备管理不完善人员配备不到位、群众参与不广泛等问题，并以安阳市为例提出合理化建设措施，包括明确政府主体责任，开拓建设思路，开展督导问效，加强文化队伍建设，打造文化品牌活动等。

2016年12月，原文化部等五部门共同印发的《关于推进县级文化馆图书馆总分馆制建设的指导意见》，明确提出县文化馆图书馆总分馆制建设的任务目标、功能定位与运行机制等。对此，李国新指出，总分馆制建设的根本目的是将传统的独立、分散、封闭的文化馆、图书馆扩展成为系统的、整体的、开放的图书馆群和文化馆群，使其能够为更广泛特别是基层人民群众服务。

（三）法律保障

《公共文化服务保障法》的颁布，标志着我国公共文化服务正式进入法制保障阶段。该法颁布前，已有学者研究公共文化法律保障策略，如：罗冠男提出，加速公共文化立法，完善法律体系，在《公共文化服务保障法》

的基础上，各地加快制定《公共文化服务条例》等法规，并完善相关制度以加强供应保障，包括主体制度、决策制度、评估制度、原则制度、责任制度等。公共文化服务的法律保障研究涉及法律专业知识，具有较强的专业性，同时，我国公共文化服务立法和法律体系的建设起步晚，研究成果少，研究空间较大。公共文化服务的法律保障是一种文化行政给付行为，应通过法律不断规范文化行政权力，形成公民文化权利救济体系。

（四）财政保障

在公共文化服务保障体系中，财政保障起着关键性作用，公共文化服务建设需要大量财政资金投入，这种财政投入不仅要求在量上得以体现，而且在质上也有较高要求。现代公共文化服务体系建设要在财政保障理念上实现由以保障供给为中心向以保障需求为中心的观念转变；在财政保障的范围上，由公共单位保障扩大到公民权益全覆盖的转变；在财政项目管理上，由单个项目分散拨款向统筹协调综合使用转变；在财政保障标准上，由粗放式向规范化转变；在财政保障方式上，由行政性配置向竞争性转变；在财政保障效果评价上，由单位自评向引进第三方转变。

（五）考核评价保障

公共文化服务考核评价是检测公共文化服务效能的重要步骤，也是维护人民基本文化权益的重要手段。

应建立以公众为导向的公共文化服务绩效评价体系，评价体系的指标设定与选取应坚持以公众需求为基点，结合主客观指标，坚持可比性、独立性、有效易行等原则。具体指标则包括公共文化服务设施、公共文化活动、公共文化服务管理三个一级指标。

第二节 公共文化服务体系建设的成效

截至目前，中国的公共文化服务体系建设已经取得显著成效，人民群众基本文化权益进一步得到实现，各地方公共文化服务形成了自己的特色。

一、公共文化服务体系的成效

(一)完成了公共文化服务体系基础建设

“十三五”以来,中国基本形成了较为完备的公共文化服务体系,新建扩建公共文化服务设施。在贫困县大力推进文化建设工程、富民工程和文物保护工程,大大丰富了人民群众的精神生活,满足了人民群众的精神文化需求。政府已经将文化建设作为重要任务,加大了对公共文化服务的投入力度,为文化建设的健康发展打下了坚实的基础。特别是国家加大了对“老少边穷”地区文化建设的扶持力度,开辟了公共文化服务新途径,并实施了全国文化信息资源共享工程、送书下乡工程等文化工程,向基层低收入和特殊群体提供基本文化服务,采用政府购买补贴等方式,不断探索公益性文化活动和社会化运作的方式,鼓励社会团体承办公益性文化活动。

(二)公共文化基础设施网络化,基本实现全覆盖

我国公共文化服务体系建设是从公共文化基础设施的建设开始的。党中央、国务院高度重视公共文化基础设施硬件的建设,不断延伸、拓展、创新公共文化基础设施的服务网络,大力提高基层公共文化服务供给能力,以满足人民群众的基本文化需求。县级文化馆、群艺馆、博物馆、图书馆、体育馆以及乡镇的综合文化站、行政村文化活动室及社区文化活动中心是基层公共文化设施,是推动文化大发展大繁荣、构建先进文化、保障公民基本文化权益的前沿阵地。

二、文化事业建设的成效

(一)文化事业经费投入稳步增长

财政的经费投入是公共文化服务体系建设中最关键的保障因素。随着我国经济的持续快速增长,国家层面公共文化服务体系建设的经费投入也稳步增加,使我国公共文化服务的发展得到了强有力的保障。

在加大投入的同时,文化投入结构也得到逐步改善,文化事业费进一步向西部地区基层倾斜,公共文化服务的公益性进一步突出。农村文化是公共文化服务体系建设的重点工程,因此,国家政策高度重视农村公共文化服务建设,中央财政加大对农村文化的扶持力度,各级政府按照均等化要求重点统筹部署城乡文化服务一体化进程。广播电视村村通工程、全国

文化信息资源共享、乡镇综合文化站和基层文化阵地建设、农村电影放映、农家书屋建设这五大针对农村、中西部的文化服务工程是中央财政投向公共文化服务领域的重点工程。多样化的公共文化服务投入方式，成为公共文化服务体系建设的有力保障。

（二）文化惠民工程实施效果显著

近年来，在全国公共文化服务体系建设中，一大批重大的文化惠民工程相继实施，在建设和完善我国公共文化服务体系中发挥着越来越重要的作用，使各地基层群众更加便捷、更加充分更加丰富地享受优秀传统文化和现代先进文化的成果。

送书下乡工程，由中央财政统一购置图书，配送到全国592个国家级扶贫开发重点县和乡镇。

目前，广播电视村村通工程已覆盖所有通电行政村和20户以上自然村，而按照1998年这一工程刚实施时的统计，我国有70多万个散布在偏远深山中、交通不便地区的行政村，居住在这些地方的1.48亿人听不到广播看不到电视。

我国还实施了农村电影放映工程。目前，全国全年放映电影800万场次，观众超过18亿人次，基本实现一村一月放映一场电影的目标。

通过在行政村建立农民自管自用的公益性阅读场所，农家书屋建设工程解决了农民群众看书难的问题。

一个个文化惠民工程逐渐深入人心，发挥了重要的作用，并且效果显著。文化站实现了无障碍，零门槛进入，公共空间设施场地全部免费开放，所提供的基本服务项目也全部免费。各地还开展了形式多样的文化惠民工作，使文化真正地融入了百姓的日常生活中，让其体会到文化带来的精神享受。通过整合、自建和购买版权等方式，将文化信息资源通过网络、卫星提供给基层群众。文化惠民工程的迅猛推进极大缩小了长期困扰我国的城乡间巨大的文化差距，改变了农村地区文化生活贫乏的面貌，培养了一大批新型农民，受到农民群众的热烈欢迎。

（三）文化民生品牌深入人心

为推进基层公共文化服务共建共享机制，各地纷纷出台新举措，努力打造文化民生品牌，探寻统筹城乡文化建设的发展新出路，已经创建和培育了许多具有地方特色的文化民生品牌,不仅提高了当地的知名度,更给当地的群众带来了文化盛宴,极大地丰富了人民群众的精神生活。例如,河北省全面完成县级数字影院建设,全省各地规划建设了一批集娱乐、休闲健身、公益活动等功能于一身的文化景观、文化广场,打造了一系列群众文化活动品牌。

在文化民生品牌的影响下,群众的文化活动也日益丰富多彩。从社区的文化活动到大剧院上演的芭蕾舞,从锣鼓巷的民俗文化到相声俱乐部,从旅游文化节到群众周末大舞台,文化民生品牌带给市民实实在在的精神享受。城乡基层群众小戏、小品展演活动充分展示了近年来群众文艺创作的丰硕成果,社会反响热烈。以"大舞台""大讲堂""大展台"系列活动为载体的"春雨工程——文化志愿者边疆行"活动搭建了民族文化交流新平台。四川省提出"一县一品牌""一乡一特色"的群众文化活动思路,全省181个县,县县有艺术节。河北省邯郸市组织开展的"欢乐乡村"活动,通过村、乡、县、市自下而上层层发动,组织开展农村文化"大选秀、大比武",且"以十带百、以百带千、以千带万"的链式带动,形成农村文化的巨大磁场。许多地方基本实现了"月月有主题,周周有活动",被广大群众称为"永不落幕的舞台"。与此同时,民营文艺表演团体因运行机制较灵活、演出成本较低廉,在农村文化市场如鱼得水。作为山西清徐嫦娥文化艺术有限公司的领头人"梅花奖"获得者胡嫦娥,和团里的演员们抬着戏箱上矿山、进山庄、入农家,足迹遍布山西、陕西、内蒙古自治区等地数十个县、近千个村落,演出6000余场,观众达上千万。通过一个个文化民生品牌的开展,在生动、活泼、持久的公共文化活动中,文化爱好者们走进社团、走上舞台,尽情释放文化激情,展示文化才能,使观众接受了优秀文化的熏陶,提升了其综合文化素养。①

(四)人民群众共享文化发展的丰硕成果

在推进中国文化建设过程中,政府为人民群众提供了丰富多彩的文化产品,同时也在不断探索公共文化服务体系建设的新路径,文化单位适应社会的需要转变机制,大大增强了公共文化服务的活力,提高了公共文化

①陶丽萍,徐自立."文化惠民工程"建设的问题与对策[J].武汉轻工大学学报,2017,36(02):97-101.

的服务质量。同时,国家实施了全国文化信息资源共享工程,拓宽了文化传播渠道,基层文化服务点遍布每一个角落,使城乡人民群众共享文化发展的成果。

第三节 公共文化服务体系下的群众文化载体

专门为从事组织、辅导、研究群众文化工作而设置的公益性文化事业单位如群众艺术馆、文化馆、文化站和文化室四级群众文化网络,是中国社会主义公共文化服务体系的重要组成部分。这四级群众文化网络一般按照行政序列逐层设置:县统一设文化馆,县以上各级统一设群众艺术馆或文化馆,县以下的农村乡镇和城市街道统一设文化站或文化中心,乡镇(街道)以下的村或社区设文化活动室。基层文化馆由于它的性质、特征、功能、作用,决定了它在中国公共文化服务体系中占有重要地位,是公共文化服务体系的支柱性组成部分。新的历史时期,对基层文化馆提出了新的要求,不断深化对基层文化馆的公共文化服务特征的认识,巩固基层文化馆的地位和强化基层文化馆的作用,并打造具有时代特色的基层文化馆,对于重建与构建公共文化服务体系具有重要意义。

一、文化馆

(一)文化馆的性质和职能

文化馆是指由县和县级以上人民政府设立的公益性文化事业机构,是广大群众进行文化艺术活动的重要场所,是向群众开放、为群众提供文化服务的公共文化场所和广大群众终身教育的课堂,是承担政府群众文化工作职能、繁荣中国群众文化事业的主导性业务单位。文化馆通过开展群众文化工作,丰富群众文化生活,宣传党的路线、方针、政策,进行社会审美、德育教育,实现人民群众的基本文化权益。

文化馆的基本职能是组织群众文化活动,普及文化艺术知识,辅导培训基层文化骨干,挖掘保护传承非物质文化遗产。

（二）文化馆的发展历程

中华人民共和国成立后，中国文化馆建设经历了以下三个阶段：

第一阶段（1949至1978年）：基本建立了文化馆的工作体系。这一时期文化馆工作的主要特点是，强调文化为政治和中心工作服务，用文艺形式宣传党的方针、政策。

第二阶段（1978至2003年）：文化馆建设进入一个新的发展阶段，县县建立文化馆，乡乡都有文化站。这一时期文化馆工作的主要特点是，围绕经济建设中心，强调文化为市场经济发展服务，文化搭台，经济唱戏。

第三阶段（2004年以来）：作为公共文化服务体系建设的重要组成部分，文化馆建设掀起新一轮建设高潮。文化馆工作的主要特点是，强调以保障公众的基本文化权益为出发点和落脚点，提供群众文化产品和服务，发展文化生产力，努力实践文化惠民。

（三）文化馆的主要职责及任务

组织开展文艺演出、展览、讲座等群众性文化艺术活动，是基层群众文化活动中心。省、市文化馆侧重组织导向型很多，具有示范性、引导群众文化活动逐步走向高水平；县文化馆侧重组织群众文化艺术普及活动，负责对乡镇、村群众文化活动的指导。

受政府和文化行政部门委托，承担政府交办的文化下乡、开展社会教育培训等公益性文化服务工作。

组织配送和传输公共文化资源，深入基层开展流动服务，保证公共文化资源进村入户。辅导、培训基层群众文化队伍，成为基层群众文化队伍的培训中心。省、市文化馆侧重培训县文化馆和乡镇综合文化站干部和业余文艺骨干，县文化馆侧重深入基层辅导业余文艺队伍。组织、辅导和研究群众文艺创作，促进优秀群众文艺作品的创作和推广。省、市文化馆侧重组织群众性文艺创作活动、辅导群众文艺创作队伍、创作优秀群众文艺作品，县文化馆侧重普及、推广群众优秀文艺作品。

开展群众文化政策理论研究，为当地公共文化服务制度设计和区域文化发展提供政策建议与决策咨询。

协助文化行政部门开展非物质文化遗产保护的相关工作。

开展群众文化数字资源建设，开设公益性电子阅览室，有针对性地开展数字文化信息服务。指导本地区老年文化、老年教育、少儿文化工作。

在主管部门指导下开展与中国港、澳、台地区及国外的文化交流。

(四)文化馆在公共文化服务体系中的作用

文化馆作为公共文化服务体系的重要组成部分,应该在明确自身职能的基础上,进一步解放思想,面向社会公众,不断拓宽服务领域,扩大服务对象,拓展文化馆的社会教育职能,发挥文化馆等公共文化机构在培育民族精神、提高国民素质上的积极作用,使文化馆成为公民终身教育的学校,成为宣传党的方针政策的宣传教育中心、群众文化中心、非物质文化遗产保护的展示中心、基层群众文化骨干的指导培训中心。

找准文化馆在构建公共文化服务中的位置需从以下几点出发:一是要树立文化馆的职能观,明确主体功能。新时期文化馆的文化价值主要体现在主体功能上,在群众文化体系中处于核心地位的是群众文化活动,组织、辅导和研究三大要件构成。因此,我们只有在明确文化馆业务主体地位的前提下,才有可能实现文化馆的社会价值。二是要树立文化馆社会化发展理念,明晰发展方向。文化馆是要代表政府完善公共服务职能,提高公共文化服务水平,是加强公共文化服务体系建设,为人民群众提供丰富的公共文化产品和公共文化服务的单位。要坚持社会力量支持参与的发展方向,在强化政府文化责任的同时,重视发挥社会文化资源作用,探索建立社会参与、机制灵活的公共文化服务供给模式。三是要加强文化馆专业化、标准化运营管理。文化部第二次文化馆评估标准,是一份进一步加强和规范文化馆工作的标志性文件,五大部分54个指标明确了文化馆在办馆条件、队伍建设、公共服务、行政管理等方面的具体量化标准。各级文化馆要评估定级为契机,对照评估标准不断规范和加强文化馆全面建设。四是要发挥共建共享资源优势,实现多元化主体运作。

围绕公共文化服务,文化馆应发挥自身的优势,着重做好以下几个方面:第一,是用群众喜爱的作品来提高公共文化服务质量。构建公共文化服务体系光有好的文化设施是远远不够的。要满足人民群众文化需求,必须有一流的文艺精品,有群众喜闻乐见的文艺节目来充实这些现代化的文化设施,才能构成公共文化服务体系。文化馆是开展群众文化的龙头,必须在提高公共文化服务的质量上下功夫。丰富多彩的文化艺术有益于人的发展,有益于人的身心健康,有益于和谐社会的构建。第二是用多样的文化活动丰富公共文化服务形式。人在精神上的需求是多方面的,这也就决定了现在的群众文化需求也是多方面的。公共文化生活的多样性主要体现在：要具有广泛的社会性、全民的参与性，活动形式本身的多样性以及活动对象的广阔性，另外还必须与时代同步，具有现代品格，被广大人民群众所喜爱，这样才能发挥以优秀的作品鼓舞人、引导人、影响人、感染人的作用。文化馆的文化属性和社会属性决定了文化馆必须以多样的文化活动为载体，积极组织开展各种形式多样，内容丰富的群众文化活动来丰富公共文化服务内容。第三是用丰富的社会资源培养公共文化服务骨干。人才是小省区办大文化的有力保障，有了人才就有了生命力和活力，开展基层群众文化活动，需要一批具有较高素质的文艺骨干和各类人才。文化馆历来都是城市基层群众文化活动的中心，受众面广，场地便利，非常适合用于组织与培训公共文化服务骨干。文化馆要最大功能发挥作用，积极与各级部门紧密配合，共同动员驻区企事业单位学校、机关、部队等，共同举办文化活动，提高文化活动的覆盖面。第四是利用文化馆优势资源推进非物质文化遗产的保护。文化部、财政部启动的中国民族民间文化保护工程，旨在全面推进中国非物质文化遗产保护工作。开展非物质文化遗产保护工作不仅是文化馆固有的职能，同时也为文化馆提供了发展空间。各级文化馆要利用人才优势、阵地优势、活动优势和资源优势不断推进非物质文化遗产保护。①

二、文化站

（一）文化站的性质与基本职能

文化站是指由县级或乡镇人民政府设立的公益性文化机构，其基本职能是社会文化服务、指导基层文化和协助管理农村文化市场。开展书、报刊借阅，时政法制科普教育，文艺演出活动，数字文化信息服务，公共文化资源配送和流动服务，体育健身和青少年校外活动等。

（二）文化站的工作任务

举办各类展览、讲座，普及科学文化知识，传递经济信息，为群众求知致富、促进当地经济建设服务。

根据当地群众的需求和设施、场地条件，组织开展丰富多彩的、群众喜

①张敏敏．群众文化活动基于文化馆发挥的重要作用[J]．文化月刊．2022(11)：110-112.

闻乐见的文体活动和广播、电影放映活动；指导村文化室（文化大院、俱乐部等）和农民自办文化组织建设，辅导和培训群众文艺骨干。

协助县级文化馆、图书馆等文化单位配送公共文化资源，开展流动文化服务，保证公共文化资源进村入户。

在县级图书馆的指导下，开办图书室，开展群众读书、读报活动，为当地群众提供图书、报刊借阅服务。

建成全国文化信息资源共享工程基层服务点，开展数字文化信息服务。

在县级文化行政部门的指导下，搜集、整理非物质文化遗产，开展非物质文化遗产的普查、展示、宣传活动，指导传承人开展传习活动。

协助县级文化行政部门开展文物的宣传保护活动。受县级文化行政部门的委托，协助做好农村文化市场管理和监督工作。发现重大问题或事故，依法采取应急措施并及时上报。搜集、整理、研究民间文化艺术遗产和做好文物保护工作。

三、农村文化大院

农村文化大院是群众文化的主要组成部分。近年来，从中央到地方的各级有关领导和文化部门，在各有关会议和文件精神及讲话中都多次强调，要高度重视农村文化建设。文化厅也在历次全区文化工作会议上宣布要大力实施农村文化工程，全面提升农村文化建设和服务水平。这说明农村文化建设在构建和谐社会当中的重要性，也体现了党和政府对农村文化建设的重视程度和决心。

（一）农村文化大院的定位与特点

农村文化大院（含村级文化室、文体大院、文化体育户、示范户，通称为农村文化大院），是组成农村文化的重要元素，也是新形势下新农村的时代文化载体，属于农村大文化范畴。一般是在村级文化活动室的辐射下，以农户为单位，以家庭、家族、亲属、邻里、自然村成员等为对象；以村部文化室、球场、戏台、家庭院落、街头等为场地；以满足精神生活和知识、技能需要为目的的，能呈现多层次、多功能、多种形式的文化形态。它是一种包括科技、教育、文化、卫生、体育、美术、德育等多项内容为一体的、有时代特色的新型农村庭院文化活动的普遍存在形式。具有直接、灵活、方便、不受体制和上下班时间限制、群众能随时随地参与的特点，为丰富农民群众文化生活发挥了其他形式都不可替代的作用，大大促进了农村和谐社会的建设与发展。

（二）农村文化大院的形成与背景

改革开放以来，农村的形势发生了翻天覆地的变化。日子一天天好起来的农民们对文化生活的需求越来越高。农村文化大院的形成也就成为一种必然现象。第一，文化大院的形成与发展是为满足农民日益增长的文化需求的必然结果。随着农民群众的物质生活水平的提高，追求丰富多彩的精神文化生活的需求也随之提高。农闲时节，茶余饭后，他们不仅要学习先进技术，掌握科技致富的本领，还要欣赏各类文艺精品，更要主动参与和积极要求表现自我。这就是文化大院形成的社会基础。第二，农村文化大院的形成是用先进文化占领农村文化阵地的需要。从目前中国农村实情来看，也还有一部分较偏僻地区，农民文化素质低下，文化生活贫乏，一些庸俗、落后文化抬头甚至蔓延，严重影响了当地各项事业的发展。因此，加强农村文化大院建设，既能使农民群众崇尚科学，反对迷信，又能提高广大农民的整体科学文化素质，更能优化农村社会环境，意义十分重大。第三，建设农村文化大院是改革开放的需要。农村改革的成败，关键看是否通过改革能让生产力发展、农民富裕。要发展必须科学经营、开放经营和实现农业产业化经营，实现科技致富，这一切都离不开普及科技知识。通过文化大院的活动让农民接受更先进的科技知识和信息，掌握更多的致富本领，早日走向富裕之路，这不但符合改革开放的目标和要求，也是贯彻落实党的富民政策的具体措施。

（三）农村文化大院的现存类型

随着农村经济的不断发展壮大，农村文化事业呈现出健康发展的势头。就宁夏全区而言，大部分农村文化活动从过去小型分散的文体活动，逐渐发展为具有广泛性、综合性、规模性的文化活动。就文化活动的阵地，也从无到有，从小到大。到目前为止，全区已建成标志性的有综合功能的村级文化活动场地近500个。这些场地集党员学习、科技培训、远程教育、文体活动、读书看报、非物质文化传承、展示与保护功能于一体，发挥了极大的作用，是具有典型示范意义的文化大院，对本村的文化大院的建设与发展起着极大的带动作用。

目前农村文化大院的存在类型主要有村级综合文化活动中心、自然村的文化活动室、文化大院、家庭文体示范户等。这些都是根据本村实际，因人、地、设施制宜而存在与发展的。

(四)农村文化大院的功能与作用

建设与发展农村文化大院,可满足农民群众的多方需求,既吸引了众多农民群众广泛参与各项文体、学习活动,又在农村形成了一个具有强有力凝聚作用的场所,其功能不可忽视。归纳起来,可分为以下几点:

一是接受教育、提高素质。在对农民的教育方面,农村文化大院是乡村各级组织做好群众思想工作的主要阵地。尤其是村级两委会,可利用这块阵地,对农民进行政策法规教育和农业科技培训;还可通过读书、看报、上网等形式,使村民们掌握大量的科技知识和致富信息。因此,农村文化大院便是农民群众接受教育的大课堂。在这里他们接受着各方面的教育,既提高了思想道德素质,又提高了科学文化素质,还开拓了市场经济的视野,广大老百姓对此拍手叫好。

二是陶冶情操,愉悦身心。活动形式多样,内容丰富的农村文化大院,主要由秧歌、戏剧、歌会、诗会、故事会、交谊舞、健美操、歌舞节目、各类社火、棋牌类、球类、书报阅览、电视、录像、讲座、培训等农民喜闻乐见并积极参与的活动组成。农民们在这里参加活动,能忘却一天的疲劳,既可得到精神上的愉悦和陶冶,又能锻炼身体,还营造了广大农村的社会稳定、人民安居乐业的良好局面。

三是融洽关系,增进和谐。农民们在劳动之余通过参加文化大院的各种活动,人与人之间进行广泛的接触、交流与沟通,既增加了感情联络,还有利于改善邻里关系、干群关系和民族、家族、家庭成员之间的关系,使大家在欢乐的气氛中和睦相处,其乐融融,这对解决农村中的一些棘手问题和缓解矛盾、化解纠纷都会收到明显的效果。农民群众在得到文明、进步礼仪熏陶的同时,也改变了他们枯燥无聊的业余生活方式,这必将对安定团结的局面与和谐社会的建设起到不可低估的作用。

四是为农民文艺表演团队的发展提供了方便。从目前农村实际看,凡是活动开展较好的文化大院多数都有一支活跃的农民文艺表演团队作为主力军,这些团队一般都以家庭为基础组建而成,再有一批爱好者自愿参加，运用各种表演形式，自编自演、自娱自乐，这不但为各团队之间的交流提供了平台，还让文化大院和文艺表演团队两者相得益彰。

五是弘扬优秀，抵制落后。有关资料表明，凡是在一些农村文化建设薄弱的地方，封建迷信、赌博、传销，甚至是吸毒贩毒、盗窃抢劫等危害社会的活动就会频频发生。如果加强了农村文化大院的建设，让其发挥出应有的功能，就会让先进的、优秀的、健康的文化占领农村这块阵地，让那些与建设社会主义新农村不相协调的现象无生存之地，才能达到弘扬先进文化、抵制落后文化的目的。

四、农民文艺团队

人民群众是推动社会主义文化大发展大繁荣最深厚的力量源泉，我们要广泛开展群众性文化活动，提高社区文化、村镇文化、企业文化、校园文化等建设水平，引导群众在文化建设中自我表现、自我教育、自我服务。中国是一个人口大国，多数人口在农村，如果农村的文化建设搞不好，我们整个社会主义文化的大发展大繁荣也就不完整，提高广大群众的文化积极性与自觉性就更无从谈起。我们在做好城市公共文化服务的同时，今后应该把重点放在广大农村的文化建设上。要想进一步把农村的文化工作做好，应该加大对农民文艺团队的扶持力度，使其在农村中发挥文化主力军的作用，以此带动农村文化的发展和繁荣。

（一）农民文艺团队的定位与特点

农民文艺团队，也称为自乐班，是组成农村文化的重要元素，是身处农村文化的最前沿，也是新农村建设时期的文化主力军，属于农村大文化范畴。一般是以个人出资牵头，以自愿组团、自主经营为原则，以戏剧、舞蹈、小戏、小品、表演、曲艺、杂技、魔术、各种锣鼓、舞龙、舞狮、秧歌、社火、杂耍、武术、健身操、交谊舞、非遗保护项目传承等为表演形式，以专业团体退休艺人或学校退休教师为骨干，以本村或社区、家族、家庭、亲属、朋友、邻里中有专业特长及爱好者为主要参与成员，以村部文化室、戏台、文化大院、街头、庙会等为活动场地，具有直接、灵活、方便、不受体制和上下班时间限制、群众能随时随地参与、触角可延伸到农村的每个角落的特点，为丰富农民群众文化生活发挥了其他形式都不可替代的作用，大大促进了农村和谐社会的建设与发展，是农村文化建设的重要力量。

（二）农民文艺团队的形成与背景

改革开放以来，农村的形势发生了翻天覆地的变化。日子一天天好起来的农民们对文化生活的需求越来越高。农民文艺团队的形成也就成为一种必然现象。

第一，农民文艺团队的形成与发展是为满足农民们日益增长的文化需求的必然结果。

随着农民群众的物质生活水平的提高，追求丰富多彩的精神文化生活的需求也随之增加。城市下来的各类文艺团体的演出每年也只是屈指可数的几场，远远满足不了他们的愿望。农闲时节、茶余饭后，他们不仅要学习先进技术，掌握科技致富的本领，在物质生活不断提高的同时，还要不断满足日益增长的精神文化需求，更要主动参与和积极要求表现自我。这应该是其文化自觉的一种体现，也就是农民文艺团队形成的社会基础。

第二，农民文艺团队的形成是用先进文化占领农村文化阵地的需要。

从目前中国农村实际情况来看，也还有一部分较偏僻地区，农民文化素质低下，文化生活贫乏，一些庸俗、落后的文化抬头甚至蔓延，严重影响了当地各项事业的发展。因此，加强农民文艺团队的建设，让健康向上的文艺形式去占领农村文化阵地，又能让广大农民在自娱自乐中接受教育，更能优化农村的社会文化环境。

第三，建设农村文化大院是改革开放的需要。

农村的改革正在继续深入进行，其成败关键看是否能够通过改革使生产力得到发展、农民更加富裕。农业要发展必须实现科学经营、开放经营和产业化经营，这一切都离不开科技知识的普及与提高。通过农民文艺团队自编自演节目的宣传与普及，让农民在娱乐中自觉不自觉地接受先进的科技知识和信息，掌握更多的致富本领，早日走向更加富裕之路，这不但符合改革开放的目标和要求，也是贯彻落实党的富民政策的具体措施。

第四，农民文艺团队是体现农民文化自信、自尊、自强的阵地，也为广大农民群众提供了一个展现自我的广阔舞台。

实践证明，凡是农民文艺团队活跃、农村文化生活丰富的地方，各项事业的发展成就都很显著，当地群众的综合素质和幸福指数也高。

（三）农民文艺团队的功能与作用

农民文艺团队为农村文化重要载体的各类农民文艺团队，在当地的文化繁荣与发展进程中发挥着其他形式都不可替代的作用,它通过舞台表演和各类活动的举办,既可满足广大农民群众的精神文化娱乐需求,还吸引了众多农民群众的广泛参与,在农村形成了一个强有力的凝聚作用,其功能与作用不可忽视。

第四节 公共文化服务体系下的群众文化建设

一、公共文化服务体系示范区(项目)建设

国家公共文化服务体系示范区(项目)建设是我国在公共文化服务体系中采取的一项创新性措施,通过打造一批示范区(项目)探索公共文化服务体系建设中可能出现的问题,探索体制机制改革,为其他地区建设公共文化服务体系提供经验和借鉴,为国家有关部门制定公共文化发展政策提供科学依据。刘洋等分析国家公共文化服务体系示范区的独特价值,并就示范区在验收完成后可能遇到的问题做了探讨。他们认为,示范区验收后在可持续发展上会遇到相应问题,公共文化服务应该由动员型向响应型转变,示范区政府不应以GDP为首要考量因素,应以人民群众文化权益为中心保持示范区建设热情,同时,在完成示范区检查后,尽最大努力解决长期存在的公共文化服务难题。

二、公共文化服务体系建设存在的问题

尽管中国公共文化服务体系建设取得了显著成效,但中国的公共文化服务体系还有待于健全和完善,特别是在边远的农村,公共文化服务设施还比较落后,公共文化产品供给不足,公共文化服务体系还很不完善。

(一)政府投入与人民群众日益增长的文化需求不适应

随着信息时代的到来,人民群众的文化消费观念发生了深刻的变化,群众对文化信息需求更迫切,文化消费水平更高,求知求美的心理明显增强。近年来,政府不断加大对文化建设的投入,但距离满足人们日益增长的文化需求还有较大的差距,特别是传统的公共文化服务体制使私人资本难以进入公共文化服务领域,政府提供的文化产品存在着供给不足、公共

文化产品市场化程度不高、内容较为单一、形式较为简单等问题，使群众参与公共文化活动的积极性不高。

（二）公共文化服务设施与公共文化服务功能不适应

整体而言，中国的公共文化服务设施大多集中在城市，基层和农村的公共文化设施相对落后。在一些社区和农村，由于公共文化服务经费投入不够，公共文化服务设施还很薄弱，且公共文化服务设施总量不够，难以满足广大人民群众对文化生活的需求。有的地方由于政策不配套、管理不到位，没有很好地发挥公共文化服务功能，造成了公共文化服务资源浪费。

（三）公共文化服务队伍与公共文化服务职能不相适应

在中国的城乡基层文化单位，人员编制控制得非常紧，基层文化站人员编制被其他人员占用或在职不在岗的现象比较突出，在岗人员大多缺乏从事文化工作的专业知识和技能，这对公共文化服务造成不利的影响。

（四）公共文化服务体系的“现代性”问题

现代性一词在文学、艺术和思想史上是指自欧洲启蒙运动以来所形成的一种思潮，是一种与传统相对立的社会历史发展观。在公共管理学上，现代性更多地体现在现代管理技术、现代管理观念等区别于传统的某种管理模式。具体到公共文化服务体系建设上，现代公共文化服务体系的现代性主要体现在治理主体的多元化和法治化、服务主体和服务对象的开放包容、现代高科技普遍运用的技术创新、公共文化服务功能多样化和顶层设计总体协调性的综合融合等方面，这一论断紧扣公共文化服务体系的本质属性，做出了较为全面的概括。

现代公共文化服务体系建设的现代性意味着公共文化服务不仅应该从思想内涵、实现路径等多方面突破传统的服务发展方式，符合当下经济社会发展现状，与现有文化体制改革大局和文化建设大局相同步，更要与经济全球化、信息化等全球发展浪潮相适应，主要体现在功能设置现代化、体制机制现代化和服务方式现代化三个方面。其中，功能设置现代化体现为保障文化公平、实现文化治理、实现文化满足和文化涵育；体制机制现代化体现为应建立起政府、市场和文化单位相互扶持、共同促进的现代化管理机制；服务方式现代化体现为公共文化需求确定方式的现代化、打破垄断引进竞争机制的现代化、反馈机制的现代化中。

三、构建公共文化服务体系的路径

推动中国文化的大繁荣,必须要深化文化体制改革,探索适应社会主义市场经济需要、保障社会公平正义的公共文化服务方式。政府要重视文化产品的生产,对公共文化服务项目和公益性文化活动进行指导,提高公共文化为人民大众服务的水平,最终构建公共文化服务体系。

(一)推进文化体制改革

1.转变政府职能

政府要转变职能,积极推进文化体制改革,实行政企分开,加强公共文化服务体系建设,切实履行公共文化服务职责,强化服务功能,加强对重大公共文化服务工程的投入,根据公共文化服务的特点,公共文化服务单位要增强维护人民群众公共文化服务权益的自觉性。

2.积极推进公益性文化单位体制改革

政府要积极推进公益性文化单位体制改革,按照增加投入、转换机制、增强活力、改善服务的要求,深化公益性文化事业人事制度改革,全面实行聘用制度和岗位管理制度,建立竞争和激励机制,努力提高公共文化服务水平。政府要制定文化单位改革配套政策,健全文化单位社会保障制度,加大公益性文化事业单位的投入,搞好公益性文化单位管理制度的改革,增强公共文化服务的活力,努力提高公共文化服务产品质量和公共文化服务质量。

3.加快公共文化设施建设

政府要加快建设公共文化基础设施,以大型公共文化设施为骨干,以社区和乡镇文化设施为基础,加快关系人民群众切身利益的文化设施建设,提升公共文化服务水准。加强重点文化设施建设,优化基层公共文化资源配置。要把社区文化中心建设纳入规划,扩展服务功能。积极实施文化建设工程,积极采用现代科技手段,组织实施网络文化建设工程,不断创新网络文化建设的新模式,提升公共文化服务的职能。坚持以社会主义核心价值观引领网络文化建设,创作高质量的网络文化产品,推动文化资源向信息化、网络化和数字化方向发展,形成公共文化服务平台和文化信息资源共享工程平台。

（二）提高公共文化服务水平

1.提高公共文化服务技术水平

繁荣社会文化必须要加快现代科技应用的步伐，以现代科技手段来传播健康向上的公共文化，不断提高公共文化服务的水平，向人民群众提供更多的、具有自主知识产权的文化产品，为人民群众搭建公共文化服务新平台，拓宽人民群众的精神文化生活空间，在人民群众中广泛传播社会主义先进文化。

2.创新文化服务平台

加快社会文化建设步伐，政府要积极开展公益惠民服务、网络文化服务和流动文化服务活动。要采用多种措施，加快推进文化信息资源共享工程建设步伐。政府公益性文化单位要及时发布公共文化信息，为人民群众参与公共文化生活创造条件，积极推进公共文化设施服务公示制度，营造良好的公共文化服务环境。①

3.完善公共文化服务机制

政府要加强公益性文化组织建设，不断完善公共文化服务质量评价体系，为此，公共文化服务机构要向社会公开服务内容、服务标准和服务程序，认真做好公共文化场所引导工作，进一步拓宽公共文化服务领域，增强公共文化服务能力，提高公共文化的服务水平，完善公共文化服务机制，努力营造公共文化服务的良好环境，为人民群众提供优质的公共文化服务。政府投资的设施项目要坚持公益性，并在公共文化服务中发挥示范作用。

4.创新公共文化服务方式

政府要推动公共文化服务向社区和农村延伸，积极引导民间团体和社会力量兴办公共文化服务实体，以合作参股、资金赞助和免费提供公共文化设施等多种形式参与公共文化服务。此外，政府还要支持民办公益性文化机构的发展，鼓励民间兴办公共文化服务设施等，以促进公共文化服务机构的社会化和多元化。要积极培育发展非营利性公共文化服务组织，完善公共文化服务管理制度，简化公共文化服务组织审批登记程序，通过民间文化组织招标公共文化服务采购、接受公共文化服务资金捐助、公共文化服务资质认定和公共文化服务监督评估等方式，让他们主动参与中国的

---

①高福安．公共文化服务体系建设创新研究[M]．北京：中国传媒大学出版社，2018.

公共文化服务建设。

5.重视公共文化服务工程建设

政府要完善公共文化服务工程建设的相关政策,改进公共文化服务的投入方式,建立有关公共文化服务设施发展的专项资金,加大对公益性文化事业的扶持力度,重视公共文化服务设施建设,为人民群众提供良好的公共文化服务。此外,还要鼓励民间资本投资兴办公共文化产业,积极生产公共文化产品,便于公共文化服务活动的开展。在公共文化服务投入方面,要形成以政府投入为主、社会团体投入为辅并积极参与公共文化服务的投入体制和机制。

6.建设高素质的公共文化服务队伍

随着社会经济的快速发展,人民群众对日益增长的文化需求越来越强烈,为此,政府有关部门要大力加强文化人才队伍的建设,提高公共文化服务队伍的素质。建设高素质的文化人才队伍必须要改变以往人才培养的模式,政府要制定培养文化人才的政策,不断深化和改革文化人才队伍体制,完善相关的人才培养激励措施,要做到尊重人才,努力培养文化服务队伍骨干。在公共文化服务体系建设中,要充分发挥文化人才队伍的作用,积极开展多种形式的公共文化服务活动,整合文化人才资源,营造积极向上的文化氛围,形成创新人才激励机制。建立培养文化服务队伍的激励评价制度,提高公共文化服务队伍的思想素质,积极培养创新型文化人才,牢固树立人才是第一资源的理念,注重发挥基层文化骨干作用。采取有效手段,吸引优秀人才进入公共文化服务领域,特别要制定优惠政策吸引高校毕业生到基层从事公共文化服务工作,以适应新形势下公共文化服务的需要。

(三)发展公共文化产品和开展公共文化活动

1.大力发展公共文化产品

公益性文化单位要充分发挥在公共文化服务中的主体作用,不断增强生产公共文化产品的供给能力,增加公共文化产品总量、提高公共文化产品质量,向人民群众提供优质的公共文化产品。在大力发展公共文化产品中,公益性文化单位要开发内容丰富、形式新颖的文化产品。鼓励国有文化单位无偿提供国家投资的文化产品用于公共文化服务,对具有重要艺术价值的原创产品以及民间艺术生产传播要给予重点扶持。不仅要扶持发展文化产业，还要引导文化企业多生产价廉物美、安全实用的文化产品。与此同时，要不断增加文化资源总量。政府投资的文化产品要用于公共文化服务，积极倡导文化创新精神，树立文化精品意识，实施文化精品工程，营造公共文化产品的优良环境，以推动文化大繁荣。此外，政府要组织文化专业人士到基层开展调查研究，树立以文化服务为中心的理念，推出一批体现社会主义先进文化建设成就的文化精品。文化企业要支持重点文化产业，为公共文化服务提供优质的公共文化产品支持。

2. 开展公益性大众文化活动

政府要积极开展内容丰富、形式多样的公共文化服务活动，重视公共文化服务建设，不断满足人民群众的公共文化需求，积极开展公益性大众文化活动。一方面，向贫困地区农民提供免费公共文化服务，广泛开展公共文化志愿者活动，建立公益性大众化文化活动服务长效机制；另一方面，要增加文化服务内容，鼓励热心公益事业的各界人士为社区和乡村提供公共文化服务。着力完善公共文化服务体系，打造全国性的公共文化建设示范区，建设城市十分钟文化圈。加强基层文化设施规划建设，推动公共文化服务均衡发展。积极采取措施调动社会力量参与公益性文化建设，形成公共文化服务多元供给机制。

3. 加大公共文化市场供给

政府要建立区域公共文化产业体系，整合公共文化服务资源，重点发展公共文化产业和公共文化产品，不断提高公共文化产品的数量和质量，为公共文化服务体系建设提供支撑。此外，要充分发挥公共文化服务市场调节作用，采取合作经营等多种经营方式，增强公共文化服务功能，扩大人民群众对公共文化产品的选择空间，促使公共文化资源向公共文化服务领域流动。为确保文化产业的市场供给，政府要扶持发展有特色的中小文化企业，开发服务基层群众的文化产品和独特文化资源，突出自办文化特点，活跃文化产品市场。

加快公共文化服务体系建设是加快中国特色社会主义现代化建设的必然要求，是实现中国政治、经济、文化和社会协调发展的重要举措。我们要充分认识发展公共文化服务的重要性和紧迫性，进一步解放文化生产力，不断提高社会主义先进文化的影响力，为推动社会主义文化大发展大繁荣提供强大的精神动力。

第七章　新媒体时代的群众文化建设

第一节　新媒体时代的崛起

本章通过新媒体定义总结新媒体在信息传播过程中的优缺点，明确了新媒体在信息传递过程中交互性强、发布渠道多样等优势，总结中国新媒体发展的未来展望，分析新媒体时代的现状，阐释了新媒体的发展优势及传统媒体在新媒体的冲击下遇到的生存困境，论述了媒介融合的策略，最后论述了新媒体的影响。

在媒体发展的历史中，每一次媒体技术的变革，都会带来所谓的新媒体，特别是在知识爆炸、技术更新迅速的今天，各类新媒体层出不穷，新媒体的外延更是不断地拓展。在信息时代，不仅是新的技术变革和物质形态的变化可以产生新媒体，新的软件开发、新的信息服务方式的推出，都可称之为一种新媒体的诞生。可以肯定，今天的新媒体在未来同样会被归为旧媒体的范畴。

一、新媒体时代的相关概念阐述

（一）新媒体定义

新媒体相对于传统媒体，是一个不断变化的概念，是网络基础上的延伸。美国互联网实验室认为：新媒体是基于计算机技术、通信技术、数字广播等，通过互联网、无线通信网、数字广播电视网和卫星等渠道，以电脑、电视、手机等实现个性化、细分化和互动化，能够实现精准投放，点对点的传播。陆地认为，新媒体是媒介终端或功能创新的媒体；新媒体已成为我国传媒产业领域的新生力量；有学者从文化学角度解读新媒体是一种新的文化。本研究认为，应动态地研究新媒体，新媒体是新兴媒体，目前是交互式数字化融合媒体，向用户提供信息和娱乐等服务，信息技术是新媒体必要的技术保障，用户多元化、个性化的信息需求是新媒体产生的社会基础;新媒体变革着人们的生活方式,用户从以往的被动接受媒体到当下可自主媒体传播。社会化媒体用户不仅是新闻的消费者,也是新闻内容的生产者、推广者,用户新闻信息传播系统发生“传—受”“受—传”的互动变迁,传统媒体必须动态把握用户。社会化媒体中的口碑量应作为传统媒体测评受众的补充。

本章所界定的新媒体是相对于书信、报刊、广播、电视等传统媒体而言的新媒体。新媒体是一个宽泛的概念,从技术界定上看,新媒体是指依托数字技术、互联网技术。移动通信技术等新技术通过互联网、无线通信网、卫星等渠道向受众提供信息服务和娱乐服务的传播形态的新型媒体。根据这个定义,新媒体的种类非常繁杂,目前受到较多关注的新媒体不下几十种,包括网络电视(Web TV)、网上即时通信群组、虚拟社区、播客、搜索引擎、电子邮箱、门户网站、手机电视、手机报、微博、微信等。其中有的属于新的媒体形式,有的属于新的媒体硬件、新的媒体软件、新的信息服务方式。

(二)相对于传统媒体要素

不管人们如何定义新媒体,有一点是确定的,那就是相对传统媒体,新媒体的形态是不断变化和延伸的,在现阶段其核心是数字式信息符号传播技术的实现。一般而言,新媒体的概念包含以下要素。

1. 新媒体建立在数字技术和网络技术的基础上

新媒体主要是以计算机信息处理技术为基础,以互联网、卫星网络、移动通信等作为运作平台的媒体形态,它包括使用有线与无线通道的传送方式,比如互联网、手机媒体、移动电视、电子报纸等。如果说传统媒体是工业社会的产物,那么新媒体就是信息社会的产物。

2. 新媒体在信息的呈现方式上是多媒体

新媒体的信息往往以声音、文字、图形、影像等复合形式呈现,具有很高的科技含量,可以进行跨媒体,跨时空的信息传播。

3. 新媒体在技术,运营、产品、服务等商业模式上具有创新性

新媒体不仅是技术平台,也是媒体机构。与传统媒体相比,变化的不仅仅是新媒体技术的运用,更有商业模式的创新。

二、新媒体时代发展的特点

近些年影响新媒体前景的两大主流媒体分别是网络媒体、移动媒体。移动传播媒介迅猛发展,已经成为人类生活必要的组成部分,其对于人类生活方式的深远影响,恐怕是历史上任何一种传播媒介都无法比拟的。移动传播媒介凭借其独有的特点,已经成为有史以来增长速度快、普及程度高的新型传播手段,被誉为第五媒体。

新媒体是信息科技与媒体产品的紧密结合,新媒体带来的媒体创意新经济,使得原来传统媒体从规模经济转向了范围经济、共享经济等模式,各类高新技术手段不断创新着人类支付问题,并通过尝试个性化的特质服务,不同媒体皆试图把握一条独特的可持续发展之路。目前比较热门的新媒体,如智能手机,内载各类新媒体内容产品,新媒体软件创新产品,同时也属于新媒体硬件生产领域产品,其内含新的媒体经营模式。

(一)网络媒体的新媒体特性

1.传播上的快捷性和时间上的自由性

网络媒体以高速度传输信息,可在瞬间将信息发送给用户。在传播时间上的自由性则主要体现在传播本身的可往复性,易于检索和随时获取信息。实现了信息的零时间传播,消除了交流双方之间在时间上的间隔,使信息的交互传播突破了时间限制。新媒体迎合了人们碎片休闲娱乐时间的需求,满足了人们随时随地进行互动性表达和娱乐需要,人们使用新媒体的目的性与选择的主动性更强。因此,数字化新媒体一出现就吸引了各个年龄段、不同阶层群众的注意力。在很大程度上挤占了人们休闲娱乐活动的时间。新媒体无形中改变了人们与生活对话的方式。

2.传播的全球性和空间上的无限性

网络可以连通世界上任何一个国家和地区,并且还拥有数量庞大的动态网络用户,新媒体利用连接全球电脑的互联网和通信卫星,使网络上的任何信息资源可以被全世界的网民看到,使信息传播者可以针对不同的受众提供个性化的服务。从这个意义上来讲,网络是唯一的全球性信息传播媒体。可以说,全球互通的网络有多大,网络传播的空间就有多大,完全打破了地理区域的限制。只要有相应的信息接收设备,在地球的任何角落都可以接收到新媒体传播的信息。此外,无线网络的发展,还使新媒体摆脱了有线网络的限制,用户可以随时随地接收信息。

3.传播的交互性和方式的多样性

在传统的传播理念中,其传播方式是单向的,双方无法随时随地进行反馈和沟通。而新媒体网络则突破了这一传统传播模式的限制,增强了传播者与接收者之间的互动性。传播者与接收者可以连接网上任一用户,实现网络信息资源共享,受众不再仅仅是信息的接受者,同时也是信息的传播者。交互性使传播者和接受者极易进行角色转换,这种双重身份的角色使受众可以畅所欲言,利用网络工具进行及时反馈和有效沟通交流,实现互动。真正实现了信息的双向交流。

(二)移动媒体的新媒体特性

移动媒体通常是指无线传播的短消息、多媒体短消息、WAP网页和手机电视等媒体形式。移动媒体与传统媒体和网络媒体相比,具有独特的性质,主要表现在以下几方面。

1.表现形式的丰富性

移动媒体的表现形式兼具了传统媒体与网络媒体的优势,通过文字、图像、影音、动画等多种表现形式向用户传递信息。其传递的信息声情并茂,使得信息更加丰富和饱满,同时也增强了用户的多媒体体验。

2.使用的便携性和成本的低廉性

用户可以根据自己的需求,随时对信息进行检索和筛选,并可随时制订和退订所需要的信息,使用便捷,可提高效率并节约时间。

3.复合性与个性化服务

互联网传递实现了信息传播的图,文、声一体化,它将文字、图像、声音,视频、音频等完全融合。其复合性也充分体现了传播形态的多样性特点。它将报纸、电视、广播的传播手段与传播方式集于一体,其形式的多样化是前所未有的。它将各种接收终端,各种传输渠道,各种信息形态整合在一起。用户可以随时针对信息的内容与信息的传播者或者其他的信息受众者进行信息探讨和交流,并可通过意见反馈等形式修正、补充和完善信息资源以满足用户的个性化需求。它将目标受众按年龄、性别、种族、社会地位、文化程度、兴趣爱好、专业程度等标准划分为一个个群体,从而有针对性地为这些不同的群体提供不同的个性化信息服务。

三、新媒体对传统媒体的影响

(一)新媒体对传统媒体的冲击

20世纪90年代,互联网问世并且迅速崛起,传统媒体面临着前所未有的冲击和挑战。首先是报刊,它们的读者慢慢变少,发行量也日渐萎缩,随之而来的就是广告收益的大幅度下滑,而报刊最大的经济收益就是广告,因此有些报刊为了获得更高的发行量吸引更多的广告客户,对报刊进行了大刀阔斧的改革,增加版面,尽可能多地传递新闻信息,甚至不惜免费发放。可即便是这样,报刊的运营也遭遇了困境,面临着生存的危机。

其次是广播。20世纪80年代末期,我国广播广告营业额连续保持较高幅度的增长,甚至出现了20%以上的年增长率,增幅位居四大传统媒体之首。但是随着新媒体的出现,传统的广播已逐渐消失在大众的视野。目前广播发展最好的当属交通广播,除此之外,已经很少有听众愿意为了一个新闻信息而守在广播面前,最终造成了受众自觉远离广播的后果。

最后是电视。相对于报纸杂志,电视的效益要好很多,至少目前电视媒体是一种普及率最高的传播媒介,人们也乐于在休闲时间看电视以放松心情。但随着新媒体的出现,尤其是网络媒体和手机电视的出现,很多受众已经不愿意守在电视机旁等着收看自己心仪的电视节目,他们更愿意去网络上寻找资源。因为电视节目有时间的限制,还有轮番的广告侵占视听,网络媒体则没有这些缺点,随时随地都可以找到自己想看的电视节目。因此网民规模急剧上升,使得电视观众的数量也随之下降。

然而,传统媒体拥有新媒体无法比拟的品牌和各种资源优势,有非常专业的新闻采编队伍和严格的新闻操作流程,从而一定程度上保证了新闻的真实性、客观性等价值标准。到目前为止,传统媒体仍是新闻内容的主要权威制造者和供应商,其在新闻报道的深度、广度方面长期形成的强大社会公信力和社会责任感是新媒体所不能比拟的,特别是对于时政新闻等严肃性新闻,传统媒体更是处于垄断地位。虽然新媒体的崛起挤占了传统媒体固有的市场份额,但是新媒体在大多数时候提供的仅仅是一种简单的新闻快餐,其在内容采集方面对传统媒体有着相当高的依赖性。正如新浪CEO曹国伟说:未来的媒体,普通大众通过微博报道事实,精英媒体则通过深度报道,解释性报道为主。传统媒体应将自身优势放大,以求得最大的发展。

（二）传统媒体和新媒体融合策略

当前我国处于市场经济尚未完全规范期，分配出现多极分化，思想出现多元化。正确宣传党的最新路线、方针、政策，不断提升新闻宣传水平，是新闻机构必须承担的社会责任。当今推动社会进步的角色无法由一方单独完成。站在发展的角度，传统媒体与新媒体融合而成的新力量，将是今后推动中国社会进步的主要力量之一。

实践证明，传统媒体和新媒体的融合使媒体核心竞争力发生巨变，既延长了新闻产业链条，突破了传统媒体过去在时间、空间、影像表现方面受到的局限，又传承了传统媒体强烈的策划意识、整合意识。庄重感和携带方便等特性，使新闻产品的传播媒介具有丰富性和可选择性，还节约了资源，提高了时效，扩大了影响。如何加强两种媒体，两种传播途径的融合，切实担负媒体责任，需要我们在实践中扬长避短、与时俱进、不断改进，最终可以通过两种媒体的互相结合达到更好的宣传效果。①

1.要发挥舆论引导，抢占舆论主阵地

媒体融合的全媒体时代，仍然是一种舆论工具，要充分发挥传统媒体在新闻传播中的权威性，使其适应全媒体时代受众参与热情高涨的舆情特点，深入掌握重大新闻事件的各种舆论倾向，利用自己的权威性积极与新媒体相结合，发挥新媒体的即时性和互动性，取得传播效果的最大化。因此，坚持正确的舆论导向，积极引导公众舆论，凝聚社会力量，化解社会危机，是传播媒介不可推卸的责任，也是每一个媒体人不可推卸的责任。

2.加强传统媒体和新媒体的互动，扩大新闻宣传的实际效果

加强媒体间的互动，把传统媒体的深度及其传统价值理念带到新媒体的创意和制作过程当中去，不断探索最佳切入点，进一步拓宽传统媒体和新媒体的互动平台，努力打造数字化期刊等产业。中国期刊协会会长石峰表示：传统期刊要走与新媒体融合发展的道路，数字化将增强期刊业的传播力。传统媒体对新媒体不应该逃避或焦虑，而应怀着满腔热情探索互动之路。在实践中，不断强化数字期刊强化线上线下平台互动，建构专业化、高质量的新闻专题，逐步增强媒介融合的公信力、吸引力及竞争力，是

①田琳．关于新媒体与传统媒体融合中的障碍与可行性研究[J]．新闻传播，2022(24)：62-64.

传统媒体和它所属的新媒体之间实现良性互动、相得益彰的必然。

3.要加速传统媒体的转型

面对新形势，传统媒体必须创新转型，紧跟新媒体发展步伐，在新媒体发展上有所作为。要抓住机遇发展平台，利用平台，坚持内容为王，按照新媒体发展的规律和趋势，按照事业发展的本质要求，整合资源，加快发展。传统媒体可以利用新技术和新手段实现与新媒体之间的相互整合、融通，以发挥综合整体的优势，从而创立新的发展模式，开辟新的发展道路。第一，政府有关部门应遵循中央关于大力发展文化产业的精神，出台相关的优惠政策，以项目支持等方式推动各种新媒体技术的自主研发，实现手机全媒体移动发布，将报刊、广播、电视、互联网融为一体，抢占国际技术制高点，迅速壮大新媒体产业。第二，完善我国移动内容版权的法规。尤其是制定适应媒体新技术发展的配套政策，推动能源节约型的数字媒体普及传播，实现绿色低碳环保，无纸化发行。第三，促进传统媒体与新媒体在内容、受众方面遵循新闻传播规律分工合作，促使传统媒体转变观念，实现传统媒体数字化、移动化的发展。第四，面对当前多元化、即时性、多样性的舆论环境，政府、企业等单位都要积极应用新媒体技术，顺应新闻传播规律，提高传播技巧。第五，传统媒体应逐步建立起自有的基于数字技术的新媒体系统，这需要国家政策和资金的支持，建立起自有的新媒体系统，将主动传播与驱动传播、群体传播与个体传播、事实传播与观点传播、随时传播与定时传播一体化，才能实现传统媒体和新兴媒体的融合发展。

4.采取专兼职结合的模式，建立全媒体团队

报纸发展全媒体，最大的资源优势是人才基础。在人力投入方面，除了引进必要的新媒体专业人才之外，可以倡导报社内部记者、编辑兼职新媒体岗位。报纸多年来培养了一大批擅长内容把关、精通内容制作的人员，而随着厚报时代向薄报时代的转换，报业内部也面临着人员重组的可能。报纸在这样的背景下办新媒体可以借助母报的采编，经营队伍，采取专兼职结合的模式，建立自办新媒体所需要的团队。传统媒体自办新媒体，在人力投入方面采取专兼职结合的方式，不仅可以解决新媒体建设的人才需要问题，反过来也能锻炼和培育记者、编辑的新媒体素质，为未来的发展做准备。

5.加快新媒体融合的法规建设和监督管理

随着新媒体技术,运营和服务方式所带来的一系列变革。融合不仅仅发生在新媒体的产业端。在政府和行政机关的立法理念、法律体系的建立及法律制度进一步完善的基础上才能实现了二者各自优势的有效融合。

加快新媒体立法,进一步拓展法律监管范围。可考虑研究制定一部关于新媒体管理的专门法,从公法角度对新媒体管理的范围和内容做出明确规定,从司法角度对新媒体的行为和言论做出明确规定。同时推进新媒体衍生领域的相关立法进程,完善法律体系,为新媒体的发展提供较为完备的法律依据。

加强常规管理。面对纷繁多样的新媒体服务模式,建立和完善新媒体舆情的搜集、研判和反应机制,对重点网站、热点问题等进行全天候监测,准确把握舆情动脉,为引导舆论和正确决策提供科学依据。加快新媒体技术的研发,加强技术监管平台建设,增强技术防护能力,提高新媒体管理效能。

适应新媒体技术和服务样式的发展需要,发挥新媒体行业协会的作用,积极制定完善新媒体伦理规范。大兴新媒体文明之风,加强新媒体伦理教育,推广博客圈典型做法,引导新媒体人遵守职业道德,增强自身免疫力。

建立健全道德监督机制,预防和查处新媒体失范行为,不断提高新媒体职业道德水平,积极推进新媒体自律建设。

总之,加强以互联网为代表的新媒体的建设、运用和管理,必须站在其现实作用和深远影响的高度来认识:从注意规划、加强建设、充实队伍、完善制度、规范管理等方面采取措施,加强信息产业发展与网络文化发展的统筹协调。坚持依法、科学、有效管理的原则,综合运用法律、行政、经济、技术。思想教育、行业自律等手段,加快形成依法监管、行业自律、社会监督、规范有序的互联网信息传播秩序;积极利用和有效管理新媒体,真正使新媒体成为传播社会主义先进文化的新途径、公共文化服务的新平台和人们健康精神文化生活的新空间,推进社会主义文化事业和文化产业的健康发展,保障国家文化信息安全和国家长治久安。

四、新媒体对社会的影响及发展趋势

(一)新媒体的发展现状

由于高新技术强大的力量在推动,我国新媒体发展已有其独特规模,呈现出几个趋势,主要表现为以下方面:

1.新媒体的技术支撑体系已经比较成熟,这是我国新媒体发展的先决条件

新媒体是一种传播方式,不能将传播方式,载体和内容混为一谈。目前传播内容没变,新媒体带来的只是传播方式不同。从全世界范围来看,新媒体技术已经成熟,计算机成为新媒体传播的中心环节,互联网成为基本载体,光电传导、电子纸技术也日趋成熟。我国新媒体传播的硬件技术和支持条件已经成熟,特别是在通信领域,技术上不但与国际发展水平相当,甚至有几十项技术能够领先于国外发达国家。

2.使用新媒体的消费者越来越多

在国家新闻出版广电总局进行的阅读调查中,阅读传统出版物的人数在每年以12%的速度下降,而阅读新媒体的人数则以30%的速度在增长,特别是年轻人和知识分子人群表现尤为明显,他们正是出版物市场未来消费的主力军。再比如说,过去人们读书看报的时间,现在已经大量转移到网络上。这些事实说明了新媒体已经被读者、观众和听众接受,他们的阅读、学习习惯已经发生很大变化。

3.新媒体的终端已经相当普及

《21世纪经济报道》曾报道:时任工信部部长的苗圩在通信展暨ICT中国·2016高层论坛开幕式上致辞时提及,截至2016年7月,中国移动电话用户总数达到13.04亿户,其中4G用户总数达到11.46亿,新媒体的终端设备已经相当普及。这不是政府规划,而是市场自动形成的。绝大多数有阅读能力的人都具备新媒体阅读的终端。

4.移动互联网是新媒体发展的主要方向

新媒体更加广泛地渗入人类社会生活,进入大数据时代,媒体更加注重用户的需求,为用户生产定制内容。在盈利模式方面,随着互联网支付手段越加成熟,一些媒体产品获得用户的直接付费。社交媒体将成为新媒体发展的焦点。本研究认为,大数据、移动互联网、社交媒体是全球新媒

体发展的主要动向，已经形成相关联的新媒体产业。该产业基于互联网、电信网等数字化网络，以实时、互动、点对点的自由传播模式为主体，形成借助规模化内容产品的生产、传播为主业的各类经营实体，以及相关价值链集群体，产业前景巨大。在这个技术与创意高度集中的新媒体行业，行业引领力量将会诞生，并发挥强劲的引领价值。

新媒体的载体、新形态与新材料不断出现。以移动新媒体发展势头最为迅猛，手机的增值业务日渐丰富，一个全新媒体平台逐步清晰起来，而新媒体传播内容的海量需求时代也将随之到来。手机与网络平台的完美结合，已经创造了一个个超值回报的神话。与此同时，网络新媒体经历了几十年的实践后，其发展呈现出移动化、视觉化、向导化、娱乐化的新趋势。媒介不仅需要深度解读受众的行为和轨迹，同时也要更加关注受众的需求和偏好。默多克说：未来的读者和观众年轻而富有朝气，对新技术极其敏感，不愿意被领导，并且知道在这个媒体充满竞争的世界里。他们可以随时，随地，随心所欲地用任何他们喜欢的方式获得任何他们想要得到的资讯。权利正在发生转移，这些年轻的受众必将左右未来变革的潮流完成稳定转型，避免有一天可能会面临尴尬的局面。还要提到的是，发展新媒体业务不仅仅需要懂得新媒体的人才，更需要同新媒体相适应的体制和机制。新媒体的出现，其实是与信息技术的革命密切相关的。数字化彻底冲破了传统媒介一向分制经营的介质壁垒，一种传媒大融合的趋势正在呈现。新媒体在颠覆传统媒体的同时，更创造着新的产业、新的商机。

五、新媒体时代对群众文化的需求

互联网时代加速了新媒体的传播与拓展。新时期对社会主义精神文明建设的要求越来越高，而群众文化建设是社会主义精神文明建设的重要组成部分。

（一）群众文化服务方式的社会化、规模化、现代化

相比于之前的群众文化建设，互联网时代下的群众文化建设更加呈现出专业化和规模化的趋势。一方面，这是由于经济形势的发展。改革开放以来，我国政治经济文化各方面都取得了长足的进步，群众文化建设也以市场为基准，在进行群众文化建设上的投入也随之越来越多。另一方面，群众逐渐满足了文化基本需求，正向着更高层次、手段更加多样化的文化

娱乐方式转变。同时,对于文化消费的日渐增长,带来的是人们对于流行文化的欣赏口味和审美判断也在不断改变,对于新文化、新事物的接受能力非常强,这就意味着群众文化的形式需要更加贴近群众的实际需要,力求对群众文化事业的创新,借助互联网等高科技手段提升公共文化服务水平。

(二)群众文化服务内容的传播力、感染力、渗透力

文化是天然带有传播和渗透属性的,某地区的群众文化受众就在一定程度上代表着该地区文化的总体特征。在互联网时代下,群众文化建设不能只依靠自身的文化发展,还要积极吸收外来的先进文化,打破传统的文化藩篱,只要是有利于人民群众的文化都应该批判性地吸收。另外,先进的群众文化也具有向外传播的特点。

如北京、天津一带的相声深受群众喜爱,在网络的作用下,以郭德纲为主的德云社将这一人民群众喜闻乐见的形式推广到全国,在推广的过程中也会吸收其他先进文化的特点,实现自身的发展,这种发展方式值得群众文化工作者学习。

六、新媒体对群众文化的影响

(一)丰富了群众文化服务内容

随着互联网技术和网络技术的不断发展,人们可以从各种渠道获取信息,接受文化教育的途径也越来越多元化。通过计算机和手机等移动设备,人们可以随时获取任何想要了解的文化活动信息。现阶段,基本上人人一部智能手机,移动用户不断增加,并且不仅年轻人使用,中老年人使用的人数也在持续增长。在这样的背景下,人们能够随时了解互联网动态信息,尤其是抖音、快手等应用的普及,更是激发了人们对手机应用的兴趣。在移动互联网技术高速发展的同时,极大地丰富了群众的文化生活。在传统的广场舞和合唱团等线下文化活动的基础上,增加了线上文化活动,为人们提供了更加多样的文化活动服务,在方式和内容上都得到了创新。并且随着移动网络的应用,可以拓展群体范围,通过微信公众号发布相关文化活动信息,吸引更多群众参与到群众文化活动当中。

(二)提升了广大群众文化参与度

各种新媒体的普及应用,通过其点赞和链接等功能的实现,使得广大

群众不仅能够传播文化信息，也能成为信息的制造者，有效调动了群众参与文化活动的积极性。这种新形态的群众文化，是在互动的过程中产生的动态信息，借助网络平台，激发了群众参与的热情，成为移动互联网时代下新的审美意识。同时，新媒体互动沟通功能拉近了与群众的距离，强化了群众的主体作用，促使其更加积极主动地参与到网络虚拟文化的传播当中。多种多样的群众文化形式以电子的方式呈现在群众面前，人们可以自主选择所需的群众文化，如欣赏文艺节目或检索文字信息等，以及全息影像虚拟智能互动的出现，更是为人们带来了新的审美体验，促使群众文化生活中的审美活动朝着新的境界发展。

（三）加大了群众文化服务的工作难度

移动互联网的发展既有其积极影响，也有其负面影响。网络在丰富人们精神文化生活的同时，也对人们的思想认知产生一定影响。由于网络信息数量较多，各种信息繁杂，其中必然存在一些影响社会风气的不良信息，很容易对人们产生误导，或者导致一些谣言得到广泛传播，严重影响社会和谐发展。同时，由于人们对网络的依赖程度不断加深，逐渐降低了对线下活动的关注，很少甚至不再参加一些线下活动，不利于人们的身体健康。并且，随着网络技术的普及应用，人们对文化服务提出了更高的要求，要想吸引更多群众参与到文化活动当中，就要积极进行创新，对传统的群众文化活动模式进行革新。相关文化工作人员要明确自身服务对象的需求，积极创新文化传播内容，加大文化宣传力度，使文化观念深入人心，得到广大人民群众的认同和支持，保障群众文化活动开展的有效性，充分发挥移动互联网在群众文化中的积极作用。

（四）革新群众文化发展理念

移动互联网让群众暴露在多元文化的浪潮中，生活方式和价值观念都受到了极大的影响，因此群众文化的创新必须紧跟时代的发展，坚持正确的精神内核，体现一个国家和民族的核心价值体系。随着技术的不断发展，人们的观念也不断变化，传统的群众文化已经不能满足人们对精神文化的需求。因此，必须要为群众文化的发展注入新的活力，积极促进群众文化发展理念的创新。加强对新媒体技术的应用，在群众文化创新中，融入新的文化元素，根据人民对文化审美的追求，结合最新的时代精神，赋予群众戏剧和歌唱等传统艺术形式新的内涵和韵味，让其呈现新的艺术魅力。

（五）增强群众文化科技附加值

要实现群众文化的创新发展，关键是要推动机制革新，建立适合群众文化发展的新型运行机制。移动互联网时代，群众文化发展机制的创新，主要体现在文化馆机构的设置和设计管理等方面，通过新媒体技术的应用，对相关文化资源进行整合，建立数字化阵地，制定技术创新体系，通过高新技术的使用，对文化产品进行改造，增强其科技附加值。同时，在创作和传播群众文化时，应融入现代信息技术，充分发挥贴吧和微信等新媒体平台的作用。另外，还需完善监督反馈机制，严格监督各种媒体，阻断不良文化的传播，以免其对群众文化的发展产生不利影响。

（六）构建主流群众文化宣传平台

移动互联网时代，各地群众文化宣传单位应加强对信息技术的应用，利用自身在传统舆论阵地的群众基础优势，如电视和广播等，加强与新媒体的融合，建立集文化创作和发布于一体的网络平台，成为群众文化宣传的主要渠道。同时，加强对移动互联网新兴媒体技术的应用，将群众文化生活更加直观地呈现出来。如地方广播、电视等相关部门积极开通抖音账号，建立新媒体矩阵，根据人民群众对文化需求，结合当地群众文化生活，做好群众文化宣传引导工作。

（七）提升群众文化人才媒介素养

在移动互联网时代，群众文化的发展离不开群众的作用，仅仅依赖群众文化工作者是远远不够的，这就要求他们具备更高水平的媒介应用能力。要实现群众文化的创新，就要积极建设创新型人才，提高人才团队的媒介素养。通过组织培训的方式，加强群众文化工作者的媒介素养培养，提升其应用各种媒介的能力，并将其加入考核中，让他们真正重视媒介素养的提升，进而促进广大群众媒介素养意识的提升。

（八）整合信息资源碎片，确保传播一致性

不论是在传统媒体还是新媒体的传播过程中，信息往往都是以多点碎片状态存在的，如果不能尽可能将所有碎片拼接在一起，就有可能造成盲人摸象的后果，这个问题在科学文化传播中尤其明显。新媒体的网络特点

使得任何信息都有可追溯性，在传播过程中可以将有关的链接、图片、视频、文字都整合在一起，全方位地还原被传播对象，甚至对同一事物的不同评论不同介绍都可以保留，让公众有对比有选择。

（九）打造正规传播渠道，扩大受众范围

群众文化服务机构可利用新媒体拓展群众文化传播范围：建立群众文化信息传输网络，开设网上展览、网上辅导、网上授课等服务。同时，因为新媒体公众认证机制，并有政府公信力背书，可以确保信息的输出渠道的正规性。以科协的科普工作为例，科技馆作为科普宣传实体，可以利用场馆开设展览、讲座等活动，但是正因为场馆空间的固定性，使得科学传播仅限于小范围，如果想要扩大受影响人数，就只能在时间上无限延长并不断重复展览与讲座内容，这将耗费巨大的人力、物力。倘若建设一个网上平台，将每期展览、讲座内容数字化存放，开设虚拟展览馆、虚拟讲台，并打通各类网络终端，既可以保证展览内容线下线上的一致性，实体展览按时布展、撤展，同时也可以保证无法在限定时间内参加活动的群众，能够在第一时间查看科普内容，甚至在活动结束后仍能根据需要追溯回看。这样，科普宣传实体的内容就能得到最大限度的利用，降低宣传成本并提高宣传力度。

（十）提供和谐互动平台，实现服务社会化

因为群众文化服务机构通常并不设立一线窗口单位，因而缺少了很多与群众直面交流的机会，但工作的性质又要求群众文化工作深入群众，依照传统一对多的传播形式，迫于人员的匮乏，群众文化工作无法完全实现社会化。但是新媒体的使用就可以打破这一僵局，利用网络的扁平化特征设立虚拟的一线窗口，通过官方账号、互动平台将服务机构与文化受众对接，能真正实现群众文化服务社会化。

科协经常举办科学讲座、科技培训等活动，但如何选题始终是最关键的问题，因为很难在保证活动即时性的同时迎合所有受众的意愿。但是开设官方微博与微信公众号后，可以通过发起问卷调查、筛选数据等手段，罗列出公众倾向的话题，并及时开展相关的系列活动，能够实实在在地帮助受众解决问题，让科学传播、科技推广真正落地。

第二节 新媒体时代下群众文化建设存在的问题

互联网时代加速了新媒体的传播与拓展。新时期对社会主义精神文明建设的要求越来越高，而群众文化建设是社会主义精神文明建设的重要组成部分。但在新时期下，群众文化建设工作，在建设过程中面临一系列困难和问题。编者将就新媒体背景下群众文化建设问题展开分析与探讨。

群众文化是社会主义精神文明建设的重要组成部分，发展社会主义精神文明必须提高群众文化建设，为了精神文明建设的进步，加强文化建设是时代的要求，是广大居民的要求。文化建设既是群众文化工作的基础，又是构建社会主义和谐社区建设的重要内容。想要把文化建设提高到一个新水平，就要在发展中不断创新，在创新中不断发展，让文化在社会主义建设事业中发挥更大的作用。但同时，互联网信息传播的快速发展，对于群众文化的建设也存在诸多问题。而近年来，在新媒体时代下，群众文化建设虽然取得了不错的成果，但仍不可避免地出现了一些问题。[①]

一、规章制度层面

（一）市场利益驱使供应商传播不良信息，法律法规却未能跟上

中新网曾发表消息称——传媒与出版业是现在乃至21世纪最后一个暴利行业。以楼宇电视为例，由于户外广告媒体的不断增多，加快了户外广告投放额的上涨幅度。北京、上海、广州的楼宇电视与电梯平面媒体发展空间广阔，成长环境优越，其面向的高、中收入消费群体相对集中，与其他市场相比，增幅显著，提升了一级市场的户外投放份额。但它有一个致命弱点，就是目前尚无播发新闻信息的资质，广告是其唯一内容，侵害了人们的公共空间，单一地播发商业广告，造成了“视觉污染”。可以看出，在新媒体的管理中，法规制度还不够完善，从而使牟取暴利的运营商罔顾社会责任，导致市场经营秩序无法得到维系。

（二）网络制度尚未完善，侵权抄袭现象难以遏制

版权，作为一种民事权利，就是法律赋予创作者对自己创作的作品的

①宋兆国．新媒体环境下群众文化推广工作研究[J]．文化产业，2021，(30)：120-122.

表达、复制、传播及利用的控制权。它不是专指文学艺术和科学作品，在互联网中的微博、博客等，只要是首次公开表达的创造性表达，都可以受到著作权法的保护。然而，由于网络上信息流通量大，审核能力有限，再加之在这个虚拟平台上通过网民的注册账号很难追查到本人，使得版权的维护变得举步维艰。大多数时候，人们仅仅只需要注册一个账号便可以任意复制、抄袭他人的言论，并在未经作者允许的情况下任意转载他人作品。这样的行为已然侵权，却由于提供了大量可供免费快捷下载的资料，使得很多网民也乐于接受这样的免费午餐，从而形成了既有抄袭者复制，又有传阅者下载的网络环境，也使侵权现象在网络上成为一种人们默认许可的行为。

二、网络平台层面

（一）网络平台在提供便捷言论的同时产生网络暴力，使公民隐私难以维护

网络是一个言论相对自由的平台，人们在畅所欲言的同时也很容易形成网络暴力，即一定规模的有组织的网民，在道德、正义等正当性的支撑下，利用网络平台向特定对象发起的群体性、非理性、大规模的、持续性的舆论攻击，以造成对被攻击对象人身、名誉、财产等权益损害的行为。这样的行为使得言论自由产生异化，人肉搜索成为一些人泄愤的途径，公民的隐私权变得难以维护。

（二）网络中表层信息和通俗娱乐的“麻醉作用”与“数字鸿沟”的扩大

拉扎斯菲尔德和莫顿曾在《大众传播、大众鉴赏力和有组织的社会行动》中针对现代大众传播的负面作用提出了麻醉作用一说，其认为：大众媒介以低廉的价格大量占用人们的时间，使人们沉浸在虚幻的自我满足中，从而丧失社会行动能力。所传递的浅俗、煽情化的内容，使人们的审美鉴赏能力退化，成为不假思索顺从现状的单面人。编者认为，拉扎斯菲尔德和莫顿所阐述的大众传播的负面作用，同样也是网络所存在的问题。网络具有信息海量传播的特点，然而，在这些呈爆炸式增长的信息中，充斥着大量的低俗表层信息，这些信息具有新异性与刺激性，在吸引人们去点击阅读的同时也侵占了人们思考与学习的时间，人们习惯于将注意力集

中在零碎肤浅的八卦娱乐之中，加之网络上缺乏深度的评论对人们的误导，很容易使人们沉迷在虚拟信息中难以自拔，失去思考与判断的能力。

（三）网络爆炸式的信息传播方式导致信息参差不齐，低俗虚假信息泛滥

新媒体发展的最为直观的社会结果，便是信息量的绝对增加。根据美国学者弗莱德里克做过的推算，即使以5年为周期来计算，也意味着，在今后不到70年的时间内，人类积累的信息量将达到我们今天信息量的100万倍。作为新媒体的代表，网络克服了报纸的版面限制，降低了信息传播的门槛，使信息得到爆炸式的增长。然而正是这样的增长速度使得信息真假难辨，低俗淫秽信息严重危害未成年人身心健康。而一些网络谣言的制造者为了引起关注则不惜捏造虚假新闻。

三、国家监管层面

政府监督困难，网络公信力有待提高。

2008年6月，中国已大幅超过美国，跃居成为世界第一网民大国。2023年8月28日，中国互联网络信息中心发布了第52次《中国互联网络发展状况统计报告》，截至2023年6月，中国网民数达到10.79亿。面对这样庞大的网民人数，要做好统计监督，必须经历一个长期的统计与规范过程。现今，政府对于网络舆情的监督引导难度较大，仍然缺乏对于网络等新媒体的监督力与审核力，一些希望借助谣言来博得眼球的网络媒体便不顾职业道德，大量散布谣言假新闻，造成了网络信息真假难辨，网络缺失公信力的局面。

四、文化建设层面

活动形式单一，内容趋向同质化。

物质生活水平的显著提高，使群众对于精神文化生活有了更高的追求。不仅希望丰富业余生活还寄寓通过群众文化活动了解到有益信息，学到新知识、学会新技能。目前群众文化活动同质化情况普遍，以文化娱乐方式居多，地域文化特色不突出，没有较好地展示当地风土人情、城市文化特点，与人们的精神诉求与心理预期有差距，已不能满足群众对文化生活的新需求，没有激起民众参与群众文化活动的积极性。群众文化活动的作用成效偏低。

五、群众个人层面

群众文化队伍综合素质有待提升。

网友利用网络的虚拟性，在匿名的情况下毫无顾忌地发表偏激言论，对社会风气产生负面影响。组织基层群众文化活动，负责文化传播的主要单位是文化馆。由于经费和体制机制等原因，文化馆工作人员一岗多能，身兼多职，缺乏专业知识，综合素质普遍不高，从组织开展群众文化活动看，作用不突出，活动效果不抢眼。[①]

第三节　新媒体时代下群众文化建设的对策与思考

一、新媒体时代下群众文化建设的对策

新媒体在带来言论繁荣的同时也在带来言论失控与社会动荡的风险。如何看待这些问题、研究有效解决对策，对于新媒体的健康发展与社会的和谐稳定起着至关重要的作用。因此，针对上述几点问题，有以下几种解决措施。

（一）借助广大受众的社会监督控制，健全信息审核平台

信息审核是筛选网络信息是否适合传播的第一道门槛，在网络飞速发展的过程中，建立健全信息审核机制这一关卡，有利于从源头上有效遏制不良网络信息的大面积传播，将不良信息扼杀在初始阶段。然而，在数量巨大的网民面前这样的审核并不好开展，因此，应借助广大受众的力量。由于受众是网络信息的直接受传者，同时，是网络低俗虚假信息的第一受害人。因此，受众具有对媒介活动进行监督的正当权利。受众可以通过个人信息反馈等手段建立民间信息审核平台，由公众利益来制约网络虚假信息的发展。

（二）完善网络法律法规，逐步形成规范的网络秩序

在新媒体飞速发展的同时，法律规范应当如期而至。但是，据目前的

---

①李玉环．探讨新时代基层群众文化工作新问题[J]．中国民族博览，2022(07)：110-112.

资料来看,关于网络规范方面的立法资料还相对较少,在网络大面积普及的情况下还存在许多有待完善的法条法规。因此,应加快推进网络立法建设,依法治网,建立健全网络规范与监督,注重保护公民的隐私权与著作权。使民众在享受自己言论自由的同时也可以更好地履行自己的义务,不至于为了追求个人的利益而罔顾他人的合法权利,并在此基础之上,逐步形成规范的网络秩序,以保证网络的健康发展。

(三)加强国家政府的舆论管控,引导舆论向正确方向发展

国家和政府的政治控制是媒介控制的主要方面,这种控制的目的是通过法律,法规和政策,来保障媒介活动为国家制度、意识形态以及各国家目标的实现服务。它主要包括以下几个方面:规定传媒组织的所有制形式;对传播媒介的活动进行法制和行政管理;限制或禁止某些信息内容的传播;对传播事业的发展制定总体规划或实行国家援助。

国家与政府作为强有力的管理者,在解决新媒体存在的问题上也居于主导地位。可以看到,国家正在重视和支持着新媒体的发展。国家和政府对于新媒体发展的重视和关注,将对新媒体存在问题的解决与舆论的正确引导有着重要的指导作用,面对复杂的网络环境,只有国家和政府站出来指导舆论方向,切实加强网上正面宣传,才能有效解决问题,使互联网真正成为传播先进文化的崭新阵地,成为教育的重要渠道和有效载体。

(四)依托政府支持,加大技术监控治理力度

从新媒体信息的传播过程来看,新媒体传播是产业链式的传播。整个传播过程需要涉及内容提供商、内容集成商、移动平台提供商、移动运营商、终端提供商、渠道合作伙伴等诸多环节。因此,新媒体的内容安全,也同样需要产业链中各个环节的密切合作。在移动互联网环境下,构建针对有害内容源、有害内容传播渠道及最终目标(移动终端、平板电脑)的全生态系统的防护体系,才能对信息内容进行有效监管,从而保障移动互联网健康有序的发展。

因此,应以政府为依托,研究不良信息传播的演化机制,加强对网络通信软件网络传输内容的管理。规范应用商店对通信软件的检验和测试流程,使用户,尤其是抱有新异心理的未成年用户在浏览信息时受到一定的合理制约,使互联网的网络信息体系更加干净与安全。

（五）媒体人增强自身自律感，坚守职业道德提高公信力

媒体的公信力来自媒体人的自律与其对于职业道德的坚守，作为一个媒体人，其最基本的职业操守便是在威胁与利益面前，坚守媒体从业者客观公正的态度，也只有这样，才能获得公众的信赖。面对问题深入调查，客观负责地评论，促进积极信息的传播，这是网络媒体的责任与义务。通过自律换自由。以自律公约的形式强化自我约束和管理力度，才能获得媒体公信力，同时，使网民拥有一个健康阳光的网络环境，向社会传递出正能量。

（六）提高网民素质，实行网络实名制

在网络普及的同时，也应该注重培养网民的思考与辨别能力，正确对待真实客观的负面信息报道，以避免将谣言信以为真而产生情绪激化。此外，网络的虚拟性也是网络存在大量谣言的重要原因，虚拟身份使得一些网民认为自己可以摆脱法律的规范而大肆造谣散布非法信息，在一些主要领域实行实名制则可以辅助网络法制建设，规范网民的行为，也为网络安全与清网行动提供了便捷。

找出解决新媒体存在问题的对策是社会安定与和谐的必由之路。在未来，新媒体将以更快的速度普及发展，其对于社会的影响也将与日俱增。如何良好地解决新媒体存在的问题，是需要国家、政府、媒体人乃至每一个公民共同努力的，也只有这样，新媒体才能健康发展，社会也才能和谐安定。

（七）引资金筑巢，扩充群众文化设施

群众文化活力是集体活动，需要场地、设施。充裕的资金来源是开展群众文化活动的重要保障，有了梧桐树，自引凤凰栖。要将群众文化建设资金纳入财政预算，确保资金来源。同时，还应丰富资金来源渠道，多方筹措资金，在政府出资的基础上，充分整合和利用社会资源，采取企业筹措一部分，社会吸纳一部分等方式，及引更多的地方企业参与到群众文化建设中，建设、充实群众文化设施和场地，让群众有开展活动的场所，让群众在这里安心创作、排练各类有益身心的文化作品，让这里成为产生优秀群众文化作品的创作基地，成为群众文化活动的排练场和大舞台。

（八）创新群众活动的线上传播方式

立足新媒体微传播时代，在建立线下社团组织的同时，利用微信微博创立网上群组，便于社团间及时沟通开展活动。依托抖音、快手、西瓜视频、火山小视频、好看视频等新媒体平台，将新编排的充满正能量弘扬核心价值观的好节目，上传至上述网络平台，引流加粉，对群众文化活动大力推广，保障其社会传播效益。对其中拥有知名度、成为网络红人的群众文化骨干，还可以聘为该地区的旅游形象大使，利用其自身网络影响力，大力推广当地的风土人情、休闲娱乐、农产品资源、非物质文化遗产等，为宣传当地形象发声造势，助推当地实体经济发展，将软文化变成推进当地经济发展的硬实力。

二、新媒体时代下群众文化建设的思考

现代社会是多元化、信息化、高效率的社会，交通方便，资讯发达，新旧媒体轮番“轰炸”，令人应接不暇。人们了解情况、掌握信息的渠道有很多，可供选择的娱乐和休闲方式也多种多样。在开展群众文化活动过程中，想要吸引更多的人参与进来，形成轰动效应，逐步达到“群众演、群众赛、群众看、群众评、群众乐”的目的更是不容易。在这种情况下，依托新媒体，尤其是互联网的作用来积蓄正能量、发挥正能量、释放正能量是非常必要也是非常有效的。例如，手机、电视、电脑在中国已经非常普及，而新媒体时代的手机、电视和电脑也已经实现互联，无论对传播资讯方还是对了解情况方，都非常方便、快捷、高效，可以极大地提高群众文化发展的效率。[①]

（一）群众文化是推动社会主义文化繁荣的重要力量

当今世界科技信息飞速发展，以互联网、手机等为代表的新媒体技术，日益成为人们学习、生活、工作的重要载体，在很大程度上也改变了人们传统的生活、生产、交流、学习等方式，这也对群众文化工作发展提出了新的更高的要求。新时期，面对新形势、新任务、新要求，如何更好地发挥新媒体的积极作用，完善群众文化网络信息平台建设，对于提高群众文化建设的针对性和实效性，提升群众文化的吸引力和感染力，推动社会主义先进文化的发展具有重要作用。

---

①王娟．新媒体时代推广群众文化工作路径研究[J]．大学，2021(33)：102-104.

1.充分认识群众文化建设的重要性

文化是民族凝聚力、向心力和创造力的重要源泉。群众文化是推动社会主义文化繁荣发展的基础,群众文化阵地建设是开展群众文化活动、传播先进文化的载体。深入推进文化惠民、文化利民工程,是群众文化工作的出发点和落脚点,是构建社会主义和谐文化的重要基础。因此,加强群众文化建设,既是丰富广大人民群众文化生活、构建社会主义和谐社会、促进经济社会发展的重要举措,也是推动社会主义文艺大发展大繁荣、实现中华民族伟大复兴的重要保障。

2.深刻分析群众文化建设的基本现状

历年来,党和国家高度重视群众文化建设,在各级党委、政府的关心支持下,广大群众文化工作者自觉响应时代和人民的召唤,以昂扬的精神状态、积极的工作热情,通过不同形式,广泛深入歌颂国家、民族和人民的伟大实践,群众文化工作呈现出了百花竞放、异彩纷呈的良好局面,群众文化创作更加积极,群众文化队伍更加意气风发,文化惠民活动蓬勃开展,文化服务体系建设扎实推进,群众文化建设取得了明显成效。

3.清醒把握群众文化面临的新形势

当今社会,随着经济社会快速发展,人民群众对精神文化生活要求越来越高。广大群众迫切希望业余文化生活能够更加丰富,公共文化设施更加完善,公共文化服务体系更加健全,公共文化生活环境更加洁净,人们的生活不再单调,不再是在麻将桌上消磨时光,而是在社区综合文化站里读书、上网,或者是早晚在广场参与群众文化活动,进行一些形式丰富多彩、群众喜闻乐见的公共文化活动。然而,新形势下,如何进一步激发社区居民的活力,让公共文化生活真正被激活,营造积极向上的精神文化氛围,成为广大群众文化工作者需要深入研究和探索的重要课题。

(二)新媒体带来的机遇和挑战

基于实效性角度审视新媒体技术对公众参与社会活动方式的改变能够发现,新媒体技术使得公众的精神文化诉求得到满足,不过同时也使传统文化无法保持对公众的吸引。有鉴于此,应辩证地分析新媒体技术对群众精神文化活动的影响,从而实现对其中正面效用的发扬,以及对负面效应的摒弃。

1.新媒体给群众文化活动带来的挑战

新媒体对于传统群众文化活动的开展会造成很大的冲击。新媒体技术依托信息技术创设而来,其由视频、音频、图片等形式实现使用者之间的高效信息传递与互动,新媒体具有交互性与及时性,且不受时间与空间的限制,这对于传统的群众文化活动来说,是一个巨大的挑战。新媒体传播方式和表现形式的快捷多样,使得广大群众可以随时随地获得自己想要的信息,因此对群众文化活动的关注度与参与度下降。

新媒体在媒体使用与内容选择上更具个性化,可以做到面向更加细分的受众,而传统群众文化活动由于条件的限制,在信息容量与种类上都有着很大的局限性。新媒体的互动性和参与性能够充分调动受众群体的积极性,能够让群众在互动体验中获得更加深刻的自我满足感,新媒体在信息的种类与容量上都具有极大的优势,可以充分满足受众对于多种多样的文化知识与信息的需求,这也是很多群众更愿意通过电脑或者手机进行文化信息的浏览与阅读,而对于参加群众文化活动却没有太大兴趣的原因。这也使得群众参与群众文化的积极性降低,增加了群众文化活动开展的难度。

值得注意的是,新媒体中还存在许多不良信息,如虚假信息与网络诈骗等,也会存在一些造谣生事、煽动群众、诋毁社会形象的恶意信息,这些也都会给群众文化活动的开展造成一定的阻力。

2.新媒体给群众文化活动带来的机遇

事物往往都具有双面性,新媒体技术的普及应用为群众文化活动提供了全新的发展契机。从某种程度上来说,新媒体同样丰富了群众文化活动的内容形式,使得群众文化活动的拓展和外延得以扩大,实现了对传统群众文化活动传播模式与内容方面的创新。尤其是新媒体技术以其高速的信息传播性及受众的广泛性,使得群众文化的传播获得全新的传播介质,为群众提供了实现线上文化高效互动的契机,给传统群众文化的变革带来了更多的可能性。新媒体在传播群众文化活动的同时,本身也必将成为群众文化活动的一部分,使群众文化活动的开展突破空间与时间限制,可以在更广阔的平台上施展,使得群众文化的交流学习更为便捷。新媒体提供了多元文化的对接交流平台,使各个地区、风格迥异的群众文化活动的交流不再受到时间、空间的限制,为群众文化活动的开展提供了一个便捷的互动交流平台；另外，新媒体具有个性化特征，可以通过互动更好地了解每一个受众的文化喜好与心理倾向，这使新媒体信息能够更好地针对群众的个体需求，提供更加个性化的服务，使群众文化活动更具有吸引力。

当今社会，以网络新媒体为代表的网络信息技术快速发展，已经日益深入社会各领域，成为各种思想文化交流、交融、交锋的新阵地。新媒体环境下的基层群众文化建设应科学把握新媒体发展的新形势、新特点，充分认识新媒体环境下，群众文化工作的着力点，这对于提升群众文化针对性和实效性，增强群众文化的吸引力和感染力，具有重要意义。

第八章 群众文化的现代化建设

第一节 “群众文化的现代化”理论研究

一、群众文化现代化的理论背景

群众文化，是独具特色的中国社会主义文化形态，也是民族性与世界性相统一的具有文化政治和学术思想双重意义的文化形态。群众文化的现代化，是中国社会主义文化现代化的重要组成部分，也是全球化时代对世界文化现代化的一份贡献。梁漱溟在《东西文化及其哲学》里曾说过：世界文化的未来就是中国文化的复兴。在中国特色社会主义的道路上，中国还将会产生更多更好的中国经验、中国故事、中国话语。

现代化是世界人民所共同面临的问题。现代化是社会全面进步的过程，现代性是现代化的内在推动力，它的核心是科学精神。现代化、现代性也是中外学者热衷的学术话题。弗农·阿斯巴图连在《马克思主义与现代化的意义》一文中说：“现代化的目的即其过程本身。”“现代化来源于‘现代’一词，意思是具有新的性质，或者更直接地说，这是具有当前性。”“现代化的最高终极目标，就是共产主义”。印度孟买大学社会学系主任A-R德赛提出，根据许多学者的研究成果，现代化既是过程又是产物。美国现代著名的国际政治理论家塞缪尔.P享廷顿把现代化的概念总结为：“现代化是一个多层面的进程，它涉及人类思想和行为所有领域的变革。”德国著名的社会哲学家哈贝马斯认为“现代性是一项未竟的事业”，认为以交往理性为要义的现代性的事业尚未完成，故而还要进行现代性的启蒙理性教育。国内学者丰子义认为：“现代性作为现代社会发展过程的基本特征和表现，体现在社会生活的各个方面，因而是一个涉及政治、经济、文化、社会等方面的总体性概念。”尹保云认为：“现代性在各个民族、各个文化中是共同的。”“现代性本身是普遍主义的，它潜藏在人的共同本性之中，没有民族与文化的界限。”“现代化即是现代性在物质的、制度的、观念的三个层面的增加和扩展。”还有一些学者认为：“现代性是现代化的主导力量，现代化是现代性的历史展开。”“共产主义是代表着先进的‘现代性’，是社会发展的方向。”

对于现代化的本质，国内一些学者从不同侧面进行了研究探讨，得出了比较一致的结论。“现代化的本质是社会结构的变迁”，“现代化既是人类社会的发展过程，也是发展目标。作为过程，现代化是指人类从传统社会向现代社会的转变”，“所谓现代社会，是指社会发展阶段上人类的理想与现实能力和条件的一种耦合，即在某一历史时段人类向理想社会迈进所能达到的最佳状态，或在某一历史时期人类进步所能达到的先进模式”，“现代化是现代社会发展的内在的、必然的趋势，世界上任何一个国家、民族以至个人都不能完全置身于这个过程之外”，“现代化乃是全世界、全人类性的历史变迁”。我国社会主义初级阶段的历史任务是通过有中国特色的社会主义道路达到实现现代化的目标。现代化是一种传统社会文化向现代社会文化转化的过程，是一种新的社会文化形态，文化的核心和根本在哲学，现代化的理论特征表现为现代性，哲学意义上的现代性是人的现代性；正是由于有了现代的人的观念，才催生了现代意义上的人，并由这样的人构建出理想的现代社会现代化是人类文明的一种形式，是人类的一大进步。现代化促进社会生产力的极大提高，给人带来生活上的很大方便，从哲学上讲，人从自然界获得了更多的自由。因此走向现代化是人类的发展趋向。①

对于中国的现代化历程，郭建宁认为：“自1840年鸦片战争以来，特别是1919年五四运动以来，中国社会的政治经济变迁十分剧烈，而实质是文化转型，主题是现代化。”1949年中国共产党领导全国人民取得革命胜利，为现代化创造了政治前提，中华人民共和国成立，标志着中国在社会主义的轨道上向现代国家迈进，开始探索现代化和社会主义。“我国自主的现代化进程开始于中华人民共和国成立以后”，“中国的现代性之路，也就是中国特色社会主义之路”。社会主义现代化是一场深刻的社会变革，“社会主义现代化是人的现代化的社会条件，人的现代化又是社会主义现代化

①李松龄．中国式现代化的本质要求内在逻辑与制度保障[J]．经济问题，2023(02)：1-8.

的内在要求”。“社会主义现代化是以文化创新推进社会变革的过程”，“文明的总体性决定了现代化必须是一个总体性的进程”。

二、“群众文化的现代化”理论体系

群众文化领域的改革创新，往往要落后于教育、体育和专业文化领域。这除了群众文化的活动内容和方式具有综合性、复杂性之外，在一定程度上归结为群众文化理论研究的滞后和文化政治意识的不足。中国当前的理论思维，面对全球化的挑战，缺的就是文化政治意识。社会主义文化始终把反映最广大人民的根本利益、满足大众的文化需求、落实群众的文化权益放在首位。主流文化建设必须始终坚持指导思想上的“一元化”，即以社会主义的理想、信念、世界观、人生观、价值观为核心构筑现代中国的主流文化。现代中国的主流文化就是中国特色的社会主义文化。群众文化的现代化理论，包含了对群众文化这个概念的重新阐述并使之现代化，对其进行了学术意义、文化政治意义和世界意义等三个意义的诠释，提出群众文化的现代化理论体系，为群众文化理论增加了新的生长点，彰显其现代性的意义。

现代公共文化服务体系处于建构化阶段，现代群众文化服务体系是重要环节。群众文化的现代化理论是吸收了群众文化理论研究前人的研究成果，和其他有关学科的知识，结合现代文化发展的前沿理论及中国特色社会主义文化的理论与实践，开创的群众文化理论。从全球化、现代化、文化政治等视角观照群众文化的现代化建设，为这一中国开创的中国特色的文化形态赋予了现代性和世界意义。群众文化的现代化，中心是发展的科学化，科学化既是群众文化的现代化的中心，也是一切基本内涵的前提。三个基本要义是:运作的社会化、治理的规范化、业务的专业化。三个基本要义，是和谐共生、有机统一的，也是为一切群众文化的现代化内涵奠定基础的三个规范性要求。三个规范性要求之下又从属若干次生性要求，如从属于社会化的多元化、大众化，从属于规范化的制度化、标准化，从属于专业化的体系化、常态化等。以上构成了群众文化现代化的基本内涵。“群众文化的现代化”理论体系主要有以下几个方面来源:一是全球化、现代化理论，二是马克思主义文化理论、中国特色社会主义文化理论与实践，三是中国群众文化学理论，四是文化学理论，五是公共文化服务理论。恩格斯说:“一个民族要想站在科学的最高峰,就一刻也不能没有理论思维。”

群众文化的现代化的概念,被定义为群众文化在现代社会全球化进程和文明进程中的理性建构与科学发展。本质特征是现代性、公共性、总体性(整体性)。现代性体现在人力解放和人格解放,公共性体现在公共领域、人民主权、民本位。总体性体现在人对历史现实的总体认识,是人从整体的、相互作用的视角间接地把握世界的思想方法。总体性中的总体,是指具有许多规定和关系的丰富的总体。全球化带来世界范围内大众民主的发展,全体民众都具有在公共领域的话语权。全球化意味着文化的输出与输入,全球化为文明进程的空间化提供了条件,在新的世界空间里,全球化在文化上的呈现应是以马克思主义为主导文化的全球性的多元文化对话,在世界范围内创造出一种人性化、多样化的全球文化。需要认清的是,在全球文化的冲突与融合过程中,在文化差异性与多样性的同时,也意味着同一化和标准化。第三世界的理论将服务于全球。全球意识站在全世界的高度来看文化的发展。从人权角度,中国特色的群众文化理论也会在现代性建构中被世界发现、认识并服务于世界,因此,群众文化的概念具有世界意义。在现代中国的社会文化中,主要有四种文化形态:主导文化、精英文化、大众文化、民间文化。主流文化是党和国家运用政府的手段主张、扶持、倡导、培育的文化,这种文化代表着党和国家的价值取向、社会理想和追求的目标。从文化建设意义上,我国将文化分为文化事业和文化产业,群众文化属于文化事业的一部分,属于主流文化范畴,同时与公共文化、大众文化、民间文化等也有许多相融合的地方。

群众文化的现代化理论不是元理论,而是一种群众文化理论的开端,这种群众文化理论致力于证明群众文化未来发展趋势和发展标准。从理论类别上区分,如果群众文化学属于基础理论,群众文化辅导学、群众文化管理学等属于应用理论,群众文化的现代化理论属于一种发展理论。群众文化的现代化是与中国现代化探索与实践相呼应的。随着五四时期古代社会向现代社会的转型,开始了群众文化的现代化进程。随着群众文化学和群众文化理论的发轫和形成,形成群众文化的现代化理论。群众文化从学术上讲,不仅是社会主义国家的独有,而是人类共同享有的,促进人的解放的一种文化形态。群众文化事业属于公共文化事业,一切运营的根本是公益服务，发挥社会效益的最大化。

第二节 构建现代公共文化服务体系与群众文化的现代化

加快公共文化服务体系建设、让人民群众共享文化改革发展的成果，是社会主义建设的根本目标与方向。在加快构建现代公共文化服务体系的伟大进程中，公共文化从政府职能、公民文化权益的角度，深化和拓展了群众文化的内涵和外延，为群众文化的繁荣兴盛提供了保障，推进了群众文化的现代化。同时，在公共文化服务体系中，群众文化是公共文化服务的重要力量和前沿阵地，发挥着不可替代的重要作用。和拓展了群众文化的内涵和外延，为群众文化的繁荣兴盛提供了保障，推进了群众文化的现代化。同时，在公共文化服务体系中，群众文化是公共文化服务的重要力量和前沿阵地，发挥着不可替代的重要作用。①

党和国家对文化工作十分重视，已经从国家文化安全和提高国家文化软实力的高度，从经济建设、政治建设、文化建设、社会建设、生态文明建设五位一体的高度认识文化的重要性，全面提升物质文明、政治文明、精神文明、社会文明、生态文明。人的文明也在提升。社会文化也不断自主创新，由生存型文化向发展型文化转变。社会意识的现代化与城市社会、工业文明乃至知识文明、市场经济、民主意识和先进文化等语境密切相关，是整个现代化的精神内涵。

建设中国特色的社会主义现代化包括经济现代化、社会现代化、政治现代化、文化现代化、生态现代化、人的现代化。群众文化的现代化属于文化现代化范畴，是以社会主义先进文化为价值取向，体现社会主义核心价值观，以文化的繁荣兴盛和文化软实力的提升作为目标，人人享受文化、参与文化、创造文化，在群众文化领域实现中华民族的文化自觉、文化自信、文化自强，最终实现人的全面发展和社会的全面进步。随着我国加快公共文化服务体系建设，公益性文化场馆免费开放等一系列党和国家文化惠民的大手笔相继推出，使我国的群众文化走在了世界前列。

①王学娟．现代公共文化服务体系下群众文化建设分析[J]．文化产业，2022(36)：147-149.

群众文化作为公益性文化事业的重要组成部分，在新时代群众文化发展的新起点上，需要以群众文化的现代化这一发展战略统领群众文化发展方向，在加快公共文化服务体系建设的实践中，需要以习近平新时代中国特色社会主义思想为指导，树立新的文化发展理念，推进群众文化现代化进程。

群众文化现代化的前提和中心是群众文化发展的科学化。群众文化发展的科学化的根本要求是，用中国特色社会主义文化所体现的马克思主义立场、观点、方法来谋划、部署和推进群众文化建设各项工作。群众文化发展的科学化的核心是按客观规律办事，本质要求是改革创新，主要特征是制度规范，根本方法是统筹协调。

群众文化的现代化是一个综合概念，统领了多元化、社会化、大众化、规范化、制度化、科学化、专业化、体系化、常态化、系统化、网络化、品牌化等基本概念，涵盖了群众文化的硬件建设和软件建设两个方面。群众文化的现代化包括群众文化事业硬件和软件现代化。在硬件建设上，国家出台了有关政策、办法和法律法规，如《公共文化体育设施条例》《文化馆建设标准》《中华人民共和国公共文化服务保障法》等，为公共文化服务设施建设提供保障，加强文化标准化建设。在加强硬件建设的同时，进一步加强软件建设。建立健全相关法律法规，推动群众文化建设的制度化、规范化和法制化。以立法活动、政策制度、法律条款、政策实施以及制度建设为核心，围绕着政策体系、制度体系、指标体系、评估体系，进一步明确公共文化服务的准则，完善政务公开、服务公开等现代制度。实施人才兴文战略，用群众文化工作者的现代化促进群众文化的现代化。

从工作层面具体来说，群众文化的现代化首先要求发展手段方式的现代化。提高群众文化的科技含量和科学管理，规范专业建设和行业管理。其次，体现为活动载体和文化设施的现代化。再次，要求群众文化建设顺应数字化时代潮流，实现文化运作过程和模式的信息化、网络化。

第三节 群众文化的数字化建设

数字文化服务是新时代公共文化服务的新方式。公共数字文化建设作为公共文化服务体系建设的重要组成部分，是数字化、信息化、网络化环境下文化建设的新平台、新阵地，是利用信息技术拓展公共文化服务能力和传播范围的重要途径，对于消除数字鸿沟，满足人民群众不断增长的精神文化需求、提高全民族文明素质，构建社会主义核心价值体系具有重要意义。《关于加快构建现代公共文化服务体系的意见》指出：加快推进公共文化服务数字化建设。

数字化是信息化、网络化发展的必然。数字化和全球化是数字化时代群众文化最重要的科学环境和外部社会环境。在公共文化服务中，数字文化服务以开放、共享、便捷的现代传播方式，增强了人们活动的社会性和丰富性，更加自由、平等地体现了公民的文化权益，促进了群众文化的现代化发展和国际化传播，推动了群众文化事业的繁荣与发展。在公共数字文化建设的网络世界，任何人、任何时间、任何地点的现代学习形态不仅改变了人的生活方式，也势必会使网络成为一种新的文明形态。

一、公共文化的“无限空间”：公共数字文化建设促进了群众文化的现代化

群众文化是一个具有独立的文化价值的兼容性的与时代同步发展的文化类型，群众文化的现代化，本质是人的现代化，是人自由而全面的发展。在社会关系领域，数字化时代人机新感性的实践方式推动着生产力的发展和人的全面发展，从而促进社会变革。群众文化的现代化理论是全球化、现代化、文化政治视域下的群众文化发展理论，具有超越理论学派意义的准确性，其核心是“一个中心，三个基本要义”，一个中心即发展的科学化，三个基本要义即运作的社会化、治理的规范化、业务的专业化。数字文化服务基本属于业务专业化范畴，数字化时代改变了人们的生活方式，互联网的无限空间拓宽了群众文化服务领域，信息资源实现了全民共享，全球共享，也对数字文化服务内容和服务质量提出了更高要求。网络

虚拟空间高效、便捷的服务与场馆现实空间的现场互动、亲历体验服务交相辉映，共同促进了人的现代化。

（一）公共数字文化服务是群众文化传统服务方式的拓展和补充

公共数字文化建设是利用信息技术拓展公共文化服务能力和传播范围的重要途径。数字技术与各种专业技术的融合，形成了各种数字化专业技术。在数字化平台上的信息，是信息的数字化存在方式，数字文化服务是传统服务的空间拓展、有效补充和高效传播。数字文化服务借助数字化虚拟平台，提供的网上教育、娱乐资源和互动交流，图像、声音、文字等内容经过编辑更加精粹化、专业化，可反复上网重复收听收看。此外，网络传输扩大了服务范围，提高了工作效率。数字文化服务是借助电子通信技术和设备进行的浏览、学习、视频、互动等，通过互联网等网络化传播平台浏览图文，收听收看音频视频节目或教学课程，交流信息，大多是以个人的方式参与的，可以有效地增加群众文化受众面，据报道，全世界使用互联网用户到2014年底将达到30亿，我国网民已有5.91亿。与传统服务方式相比，数字文化服务拓宽了网上辅导、交流和传播的渠道，在网上建立电子邮箱、QQ群、论坛等学习交流平台，可以通过文字、图片、语音、视频、远程控制演示等各种方式进行学习交流。通过网上订单、配送服务等服务手段，可以使服务更加高效快捷。还可引入现在正在世界兴起的网络共享公开课——慕课，网上进行视频学习，结合面对面的互动交流，以线上线下一体化的混合形式提高学习效率。因此，数字文化服务成为群众文化的新阵地、群众文化传播的新平台、人们精神文化生活的新空间。①

（二）公共数字文化服务促进了群众文化的国际化传播

数字技术的应用催生了一个全新的数字时代。“将信息技术、数字技术、网络技术等现代科学技术和传播手段应用于公共文化服务体系建设，进一步加强公共数字文化建设，是适应时代发展的必然要求和战略选择。”与传统的传播技术相比，数字化传播具有传播速度快（具有即时性、同步性与时效性）、传播范围广（具有全球性）、传播信息量大（不受版面、页码、篇幅等限制）等特点。数字文化服务提供了全新的公共文化服务内容和方式，互联网为查询各类资料、创作作品、发表作品、参加活动、文化

①李媛媛．群众文化资源数字化共享平台建设初探[J]．辽宁经济，2022(06)：79-82.

交流等都提供了便捷的渠道,而且不受时间、空间、国别的限制,因此,使人们的生活方式、行为方式发生了改变,促进了群众文化的现代化发展和国际化传播,在国家建设现代公共文化服务体系的时代背景下,加快了群众文化的现代化和国际化。早在2012年新春之际,以数字内容为标志,海外欢乐春节在全球80多个国家140多个城市同期举行了300多项丰富多彩的文化活动,成为数字化传播群众文化的成功范例。

二、“馆网并重”的文化家园:提升公共数字文化服务能力和服务水平

群众文化场馆与网站同属公共文化空间,到实体场馆参加文化活动,具有亲历性、现场感、体验式等特点。而互联网等新媒体形态互联互通,具有共享性、开放性、互动性等特点,不受时间、地点、身份、地位限制,比实体空间更加便捷,可以自由、平等地享受文化、参与文化、创造文化。但需要科技和设备的支撑,需要服务单位投入资金,开设网站或覆盖无线网,服务对象在家上网要有电脑、网络等必要的设备和花费上网费等。

(一)依托文化馆等公益性文化单位,建设数字文化服务平台

数字文化服务打造的无限空间需要思想、观念、技术、资金等综合指标,数字技术与网络媒体密不可分,网上的辅导不受时空限制,同样的内容在网上谁都可以学习,体现了服务的均等性。但是,很多群众文化事业单位与数字化时代的要求还存在差距。网络开发得还不够,有些文化馆连自己的网站都没有,有的馆即使有网站,也是内容单调、陈旧,没有发挥出网站应有的数字文化服务功能,造成资源和资金的浪费。群众文化事业单位在场馆阵地服务的同时,应丰富网站内容和互动参与方式,让网络资源发挥出最大效益。

文化馆作为群众文化的龙头,应发挥文化馆作为政府举办的群众文化事业机构在互联网中的引导作用。国家虽然施行了文化馆管理办法,但在内部管理上,规范的考核标准还不完善,主动服务意识不足,职能和任务及艺术门类存在不均衡和业务欠缺,尤其在民间文化艺术的搜集整理、群众文化艺术研究上还未引起行业的重视。应将重点业务人员、辅导内容、馆内免费开放项目以及文化馆的职能和任务通过网络向社会推介。对于民间文化艺术,借助网络开通征集和展示渠道,对于群众文化艺术研究,

开通网上论坛等互助平台。

随着技术进步、数字变革和文化传播方式的改变，群众文化的数字服务要提高服务能力，促进群众文化的广泛传播和群众文化创造力的增强。杭州市文化馆依托杭州群文网的网站开展网上数字文化服务，在数字文化服务上起步较早，服务内容和方式比较全面。在网站上开设了你点我送、专家咨询、网上展厅、免费培训、视频中心等栏目，很好地发挥了网站的文化传播、服务、交流功能。其中，视频中心开设有书法、舞蹈等教学视频，为群众学习提高文学艺术提供了窗口。国家第一家数字文化馆的重庆北碚文化馆设有数字文化体验厅，数字远程辅导平台把文化资源和网站、数字教学培训中心、多媒体移动APP终端设备、科技体验厅等集合成文化馆数字新媒体的服务方式。设在上海市群众艺术馆内的上海市东方社区文化艺术指导中心利用网络开展了社区文化指导员的派送、管理工作，建立"社区文化指导员"人才数据库，通过网站为社区文化指导员制作个人网页，按艺术门类、艺术专长、艺术业绩、服务特色等栏目向社会发布个人信息及图片资料。各社区文化活动中心通过网上查询，可在网上点击选择所需要的社区文化指导员，也可直接与中心联系。

（二）完善和创新数字文化服务的内容和服务方式

进入内容为王的时代，文化馆（站）等群众文化事业单位应把握时代的新要求新机遇，实现现代转型，在社会文化中发挥示范引领作用，在做好场馆服务和业务服务的同时，增强数字文化服务能力，建设丰富适用的数字资源，加强公共数字文化的惠民服务，实现优秀文化信息资源的全民共享。公共数字文化建设包括数字化平台、数字化资源、数字化服务等基本内容，在群众文化领域，数字化平台主要指建设数字文化馆，建立文化馆（站）网站。数字化资源，主要指公共文化产品和信息服务，等基本内容，在群众文化领域，数字化平台主要指建设数字文化馆，建立文化馆（站）网站。数字化资源，主要指公共文化产品和信息服务，将文化信息资源以数字化方式放置在网上共享。数字化服务主要指利用网络进行群众文艺辅导、远程教育等。此外，发展和完善文化馆（站）作为公共数字文化设施，增加公共电子阅览室建设。电子阅读学习室可以成为公益性文化场馆免费开放的一个特色项目，群众自由上网阅读、学习、娱乐。有条件的群众文化场馆还应实现场馆内无线网络全覆盖，群众在场馆内任何地方都可以上网。四川省成都市文化馆2012年6月启动了全国首个“数字化全景式艺术体验平台”的建设工作。完成设计、制作、资料收集、信息录入和网络管理等工作,运用360度全景和三维虚拟技术,从“艺术展厅”“艺术教室”“艺术剧场”等三个方面,立体展示了成都市文化馆探索信息时代数字化文化馆免费开放和公益性文化服务的全新尝试。“数字化全景式艺术体验平台”打破了传统网站平面显示、静态展现的服务模式,为市民提供了新的文化生活方式。作为国家文化创新工程首批项目之一,“数字文化家园”——上海东方社区信息苑,是直接建在社区、面向普通市民群众、基于互联网信息技术的新型公共文化设施和服务平台。提供公共上网、进行互联网培训咨询服务、实现数字影院个性化放送服务,为群众就近享受数字文化服务提供了方便。上海市还文企联手,利用“云计算”建设公共文化数字服务体系——“城市公共文化云”。

第四节 群众文化理论走向世界

一、群众文化概念走向世界

现代中国的文化输出不仅要输出文化产品、文化服务,还应从更高层面,输出思想、学说、观念。鲁迅先生在1934年4月19日《致陈烟桥》的信中说:“现在的文学也一样,有地方色彩的,倒容易成为世界的,即为别国所注意。打出世界上去,即于中国之活动有利。”“群众文化是全民的业余性的文化活动形态,突出文化公共性哲学的学术意涵,具有永恒的生命力。”群众文化这种社会现象贯穿人类社会的始终,但群众文化概念是中国原创,体现了学术的本土化。新中国成立后,随着文化事业和理论的发展,群众文化概念随着社会历史的发展也相应地发生了变化,群众文化学也成为一门新兴的学科,逐渐为人们所认识,为中国的文化现代化和学术的本土化做出了独特贡献。

群众文化概念是中国的、世界的、现代的。群众文化具有世界性,超越国界,在中华文化走出去的战略中,应增强文化自信,把“群众文化”概念向世界输出,让中国原创的思想观念为世界文化生态平衡和文化多样性增添色彩。[①]

英国前首相撒切尔夫人在任时曾表示:中国不会成为世界超级大国,因为中国没有那种可以用来推进自己的权力、从而削弱我们西方国家的具有国际播撒性的学说。今天中国出口的是电视机洗衣机而不是思想观念。

中国会不会拥有播撒世界的学说和思想呢?其实,中国从不缺少影响世界的学说和思想。只是缺少发现和传播。在政治、哲学领域,从天人合一的宇宙观、中庸之道的价值观、"知行合一"的实践观等中国传统哲学观念到儒家思想、毛泽东思想、中国特色社会主义理论、习近平新时代中国特色社会主义思想、"和谐社会和谐世界和谐文化"理论、社会主义核心价值观等,这些都应该是中国向世界贡献的思想。在文化领域,群众文化这个由中国本土产生的现代原创文化概念是具有世界意义的思想观念,也应该是中国贡献给世界的一个文化概念。以上这些思想、观念都是影响至今的并运用于实践的活的思想。我们应该提高认识,认真研究,增强文化自信,将这些思想输送给世界,得到世界的认同。

全球化的特点决定了民族文化的发展必然是一个世界性的过程。群众文化是由群众文化实践和群众文化理论两大部分组成的。在全球化背景下,群众文化概念已经具有学术和实践的双重属性,具有了超越国界的世界意义。由于社会主义制度的优越性,中国的群众文化事业已经以其开创性和制度性,成为主导文化的重要组成部分,走在了世界前列,其影响不仅在国内,也在国外。一些群众文化活动或节目已经跟随北京风情舞动巴黎、欢乐春节等活动形式走向海外,只是还需要把群众文化作为一个文化概念向世界输出,播撒给全世界。

群众文化概念是中国独有的,但群众文化是世界共有的一种文化形态。从群众文化的阶级性来看,正如列宁在《关于民族问题的批评意见》一文中阐述的:每个民族文化,都有一些民主主义的和社会主义的,即使是不发达的文化成分,因为每个民族都有被剥削的劳动群众,他们的生活条件必然会产生民主主义的和社会主义的意识形态。但是每个民族也都有资产阶级的文化(大多数还是黑帮的和教权派的),而且这不仅表现为一些成分,而表现为占统治地位的文化。社会主义文化带有全人类性,随

①王金娅.多元文化视野下的群众文化建设研究[J].文化创新比较研究,2022,6(27):186-189+194.

着人类社会的发展,社会主义群众文化形态必将具有广泛的人民性和普遍的社会性。从群众文化的非阶级性来看,在人类社会,世界上不论哪个国家、哪种社会制度,人的一生中总会有工作、劳动、学习之外的职业外的个人生活、家庭生活、社会公共生活,让职业外的生活丰富多彩,正是属于群众文化的范畴,群众文化是现代社会的一种生活方式。职业和业余是人生的双翼,在职业范畴,需要专业主义理念,即每项事业和职业都需要有专业背景,用专业服务社会,促进人类社会的发展进步。在职业外范畴,需要业余主义理念,即利用业余时间,自我娱乐、自我开发,培养业余兴趣爱好,挖掘潜能,发现自我、实现自我,每个人自由而全面的发展,这是人类社会共同的理念,具有世界意义。爱因斯坦说:人的差异在于业余时间。业余除了八小时之外,还包括工余时间、课间休息时间以及退休后的时间等。与专业文化相对应,群众文化就是业余文化,与休闲文化比较接近,二者都具有自娱性,但休闲文化可以是个人性的、小众的、高端的、个性化的,甚至是具有专业水平但又不以此为职业的,如古今中外非职业的著名作家、诗人、艺术家。而群众文化是大众化的、公共性的、自我开发的,除了自娱性,还具有群众性、倾向性、承传性的特征,体现了公益、多彩、多元、平等、包容等属性,是一种包含了文化多样性的综合的文化形态。古今中外,只有群众文化因其娱己的本质和群众在群众文化中的主体地位,是最能完全代表群众自我意愿,反映群众自我精神文化的理想、追求和成果的文化类型。而专业文化本质是娱人的,在古代,受皇权统治、宗法束缚,一部分为奴隶主、封建帝王、统治阶级、王公贵族服务,从业者的地位只是与奴仆等同的奴隶、匠人、艺人,没有人身自由。一部分作为民间文化,走街串巷卖艺谋生,从业者是艺人。在现代,一部分遵照市场规律成为谋生手段或职业追求,一部分成为国家文化艺术发展水平的代表。因此说,中国人民和世界人民都需要群众文化,从群众性广场舞来说,作为一种群众舞蹈形式,其本身属于群众文化范畴,只是需要进行科学管理和规范。澳大利亚悉尼市长还从广州引进广场舞,丰富市民的生活。

从以上分析可以发现,群众文化概念具有中国特色、世界意义和独立的文化学术价值,群众文化自身所包含的文化公共性对推动公共领域的形成、对重建社会公共性、对走向具有现代性的公共社会具有重大意义。可以作为本土化的中国原创文化,进行现代化、国际化提升,向世界输出中国现代的思想观念,在文化多样性背景下,为世界文化生态和谐发展贡献智慧和力量。

二、文化怀乡与群众文化现代化

在全球化时代,人类命运共同体的理念正在成为现代全球人类的共识,人类不同文化之间的交流和融合是一个客观的历史趋势。文化多样性本身就是全球化的题中之义,全球化本身产生变异和多样性,从许多方面来看,多样性是全球化的一个基本方面的。

全球化为各种本土文化带来一种平等交流对话关系,本土话语建构是进入国际化语境的前提。西蒙·杜林认为:全球化意味着文化形成越来越失去固定空间的限制,并很难集合为整体和传统。在文化全球化条件下,也存在强势文化对弱势文化的渗透、侵蚀,导致文化同质化倾向。全球性文化怀乡,维护国家形象和文化主权,维护民族尊严和民族感情,制定文化主权战略,成为世界各地日益关注的重要问题。

群众文化事业从开创到发展至今,一直是中国共产党进行社会主义文化建设的重要战线,是社会主义制度优越性的重要体现,也是以群众为主体、激发人民群众文化创新创造活力的一种文化形态。群众文化事业是我国文化事业的半壁江山,是中国特色社会主义文化建设和现代化建设的重要组成部分。全球化时代的群众文化不仅是中国原创本土概念,也以其概念的世界意义,为构建多元而统一的全球文化体系发挥出应有的作用。

现代化追求如今已升级到现代性建构的全球化阶段,外部的文明冲突似有成为现实的可能,内部的政治建设、文化认同更是亟待解决。群众文化的概念是中国原创的本土概念,在文化全球化中具有文化主体性。群众文化的现代化理论是社会主义文化现代性建设的前沿理论,具有中国现代性。从文化政治意义上以及理论和实践的双重视角对群众文化概念的社会价值和世界意义进行把握,从中国文化发展的高度、国家文化战略层面和群众文化工作中对群众文化新发展、新问题的感知和自觉,及其在全球化和本土化矛盾互动背景下的问题意识和策略选择,将决定中国群众文化的未来走向! 群众文化理论研究的滞后和问题意识的缺乏,严重制约着群众文化事业的发展,就群众文化的现代化而言,群众文化的现代化理论有哪些探索? 如何走向群众文化的现代化之路? 这涉及群众文化的未来发展趋向问题，也联接着本土文化的话语建构问题，而中华民族的文化认同、话语建构与中华文明的复兴又是紧密地连接在一起的。

职业外、业余性是群众文化的外部形态，成为专家，照萨义德的说法，就会把自己的劳作视为稻粱谋，陷入专业化就是怠惰，到头来照别人的吩咐行事，终究成为你的专长。所谓业余性，在萨义德看来，就是不为利益和奖赏所动，只是为了喜爱和不可抹杀的兴趣。群众文化的发展战略包括民族文化战略、本土化发展战略、综合创新发展战略等。首先，在思想认识上，群众文化在文化政治意义上、在文化合法性基础中的地位不容小觑。其次，在群众文化工作中，注重维护中华文化自身文化的合法性，保持自己的民族独立性，守护中华文化的根。加强中华民族优秀传统文化的传承、保护与发展。再次，在走向世界上，在引进世界各国优秀文化成果的同时，也应将中华文化的优秀成果进行文化输出，包括群众文化的概念应向世界输出。总之，通过对内与外两个方面，生存与本质、现代化与传统的双重问题的综合把握，才能达到通向群众文化的现代化之路，进而实现现代化中国自我身份认同的文化愿景。

参考文献

[1]陈晓，陈谦. 创新群众文化服务，打造群众文化品牌[J]. 文化产业，2022（16）：163-165.

[2]丁垒涛. 浅谈群众文化的功能与意义.[J]. 西藏艺术研究，2015（01）：21-24.

[3]杜喜红. 基层群众文化活动的现状与文化队伍建设探究[J]. 边疆经济与文化，2022（07）：94-96.

[4]高福安. 公共文化服务体系建设创新研究[M]. 北京：中国传媒大学出版社，2018.

[5]高静. 浅论新形势下如何加强群众文化建设[J]. 文化月刊，2022（08）：103-105.

[6]郭佳. 群众文化建设的价值及方向分析[J]. 文化创新比较研究，2020，4（18）：15-17.

[7]郭子若. 科普场馆助力科学文化传播的若干方法[J]. 学会，2019（11）：52-56.

[8]李冬鸽. 新形势下乡镇地区群众文化建设探究[J]. 文化产业，2021（34）：142-144.

[9]李军，徐志先. 群众文化需求层次与国家公益文化事业建设对策[J]. 环渤海经济瞭望，2013，（09）：27-30.

[10]李松龄. 中国式现代化的本质要求内在逻辑与制度保障[J]. 经济问题，2023（02）：1-8.

[11]李桐森. 探讨群众文化活动的时代价值及管理创新[J]. 参花（上），2015，（05）：138-139+141.

[12]李玉环. 探讨新时代基层群众文化工作新问题[J]. 中国民族博览，2022（07）：110-112.

[13]李媛媛.群众文化资源数字化共享平台建设初探[J].辽宁经济,2022(06):79-82.

[14]刘敏.公共文化服务[M].北京:中国经济出版社,2019.

[15]刘现洁.农村群众文化事业发展的几点浅见[J].农家参谋,2022(01):13-15.

[16]宋兆国.新媒体环境下群众文化推广工作研究[J].文化产业,2021,(30):120-122.

[17]陶丽萍,徐自立."文化惠民工程"建设的问题与对策[J].武汉轻工大学学报,2017,36(02):97-101.

[18]田琳.关于新媒体与传统媒体融合中的障碍与可行性研究[J].新闻传播,2022(24):62-64.

[19]王金娅.多元文化视野下的群众文化建设研究[J].文化创新比较研究,2022,6(27):186-189+194.

[20]王娟.新媒体时代推广群众文化工作路径研究[J].大学,2021,(33):102-104.

[21]王学娟.现代公共文化服务体系下群众文化建设分析[J].文化产业,2022(36):147-149.

[22]王运宝.新文化发展观[J].决策,2010(08):16-19.

[23]吴洪雪.简论加强群众文化人才队伍建设[J].神州民俗(学术版),2012(05):98-100.

[24]吴煜.群众文化之高雅艺术走进大众的社会功能和文化价值分析[J].中国民族博览,2022(13):122-124.

[25]许钰民,吴维.群众文艺专业建设的思考——以人才培养目标为视角[J].苏州教育学院学报,2014,31(06):102-104.

[26]杨继红.农村群众文化建设标准的措施探讨[J].大众标准化,2022(07):168-170.

[27]杨锦峰.文化现实与文化方略 城市文化建设调研规划[M].大连:大连出版社,2019.

[28]袁伟.群众文化群众性的时代特征[J].神州民俗(学术版),2012(02):87-89.

[29]张惠.如何提高群众文化供给[J].人文天下,2019(04):117-119.

[30]张敏敏.群众文化活动基于文化馆发挥的重要作用[J].文化月刊,2022(11):110-112.

[31]张铮.新时代社会文化新需求分析[J].人民论坛,2020(20):133-135.

[32]周建新.群众文化的概念辨析、文化特征与时代内涵[J].粤海风,2022(01):59-65.

[33]周思娇.社区群众文化建设创新路径探析[J].中国民族博览,2022(03):109-111.